Edgar Allan Poe

NARRACIONES
EXTRAORDINARIAS

Edgar Allan Poe

NARRACIONES EXTRAORDINARIAS

Prólogo de Eusebio Ruvalcaba

 LEETORUM

Narraciones extraordinarias
© Edgar Allan Poe, 2001

D.R. © Editorial Lectorum, S.A. de C.V., 2001
Centeno 79-A, Col. Granjas Esmeralda
C.P. 09810, México, D.F.
Tel.: 55 81 32 02
www.lectorum.com.mx
ventas@lectorum.com.mx

L.D. Books
8313 NW 68 Street
Miami, Florida, 33166
Tel. (305) 406 22 92 / 93
ventas@ldbooks.com

Cuarta reimpresión: mayo de 2008
ISBN: 968-5270-84-8

D.R. © Prólogo: Eusebio Ruvalcaba
D.R. © Portada: Blanca Cecilia Macedo

Impreso y encuadernado en México
Printed and bound in Mexico

ÍNDICE

INVOCACIÓN DE POE
20 INCISOS A MODO DE PRÓLOGO
Eusebio Ruvalcaba

1) Decir el nombre de Edgar Allan Poe es decir el nombre de la noche, que se manifiesta por encima de la voluntad del espectador. Con todas sus aristas y sus vértices. Como siempre que las leo, las *Narraciones extraordinarias* me han puesto contra la pared, que es decir un modo de pasar revista a todo lo que creo y defiendo en torno de la palabra escrita. Y en ocasiones de la vida misma. Una actitud a la que Poe obliga.

2) Alguna vez tuve un trabajo en que debía tomar el metro todos los días. Mañana tras mañana veía un hombre que se sentaba en un extremo del vagón, exactamente en el mismo lugar cada vez, y que se enfrascaba en la lectura de un libro extraordinariamente desgastado por el tiempo y por el uso, pues a leguas se advertía que había sido leído por muchísimas personas, con toda seguridad de varias generaciones. Nada ni nadie parecía distraer a ese hombre. Cuánta curiosidad tenía yo entonces de saber de qué libro se trataba, porque a pesar de que se distinguía el nombre del autor —aunque le faltaban un par de sílabas, era evidente de quién se trataba—, las letras del título estaban totalmente borradas. ¿Tengo que insistir en que el hombre se abstraía en la lectura como si en ese acto se le fuera la vida misma? Esto no tendría nada de excepcional salvo por una razón. Cuando, perdón por la cursilería, fui a pedir la mano de la que sería mi esposa —en esos años me casaría en segundas nupcias—, aquel hombre resultó ser el hermano de mi mujer. Ni más ni menos. Me

sorprendí tanto, quedé tan estupefacto, que hasta la cena tuve el valor de preguntarle qué libro era aquel que leía con tanto interés. Me miró como si estuviera recién desembarcado de los Balcanes y nunca antes hubiera pisado suelo mexicano. "Tengo diez años de no viajar en el metro, y menos me parece el mejor lugar para leer a Edgar Allan Poe", dijo. Ignoro por qué me habrá respondido esto, pero nunca tuve oportunidad de averiguarlo. Mejor dicho, él no dio la menor posibilidad para que conversáramos sobre el tema. Si se hubiera tratado de otro autor, el acontecimiento me habría parecido de lo más vulgar.

3) Imagino a Poe. Ahora mismo lo estoy viendo sentado a la mesa con otros estudiantes, todos en uniforme militar. Ubiquémonos. Es su periodo en West Point, academia de la que egresan los militares más conspicuos de Estados Unidos. Poe diserta sobre uno de los muchos, cientos de temas que se le ocurren con sólo chasquear los dedos, que lo mismo podían ser de creación artística que científica, de horror que de crimen. Sus condiscípulos lo miran arrobados. Saben que están escuchando algo irrepetible. La sabiduría del joven cadete se desparrama como si proviniese de una fuente milenaria. Lo que todos ignoran, de lo que no se han dado cuenta, es que lo que Edgar Allan Poe está haciendo es burlarse de ellos. Los hace comer de su mano. Los zarandea. Los hace pomada, y aquellos encima le pagan sus caprichos. Tan bien llegó a conocer la vida íntima de estas escuelas para jóvenes adinerados —Poe también estudió letras en Charlottesville, Universidad de Virginia—, que su cuento "William Wilson" es, entre otras muchas cosas, una ventana abierta por la que uno puede conocer el mundo que afectaba a aquellos muchachos, la mayoría de ellos crueles, rijosos, tahúres, dipsómanos. Que además la historia produzca una conmoción en quien esto firma —siempre he creído que por ahí anda un doble mío, trátese de mi conciencia o no— es otra cosa.

4) Afuera, un concierto de gatos desquiciante.

5) Hacía muchos años que no releía a Poe. Lo leía con fruición porque para mí representaba, más que otra cosa, un pretexto para el ejercicio de la seducción. Me explico. Leía y releía, por ejemplo, "El gato negro", hasta aprenderme los más sutiles detalles. Si algún tramo de la narración me parecía poco convincente para mis fines, lo modificaba a mi manera. Ya con esta información en la cabeza, el siguiente paso era acercarme a alguna mujer que me gustara y contarle el cuento; así, con ese pretexto me le iba yo pegando. Y como no hay mujer que se resista a que le narren un texto fascinante, escrito desde la orilla misma del abismo, me soltaba yo hablando. Esto siempre me dio un éxito fuera de toda proporción. Primero les contaba yo un poco de la vida de Poe, lugares comunes: que era un genio de la narración; que fue hijo adoptivo de un tal John Allan, un desalmado que terminó repudiando al futuro poeta; que la ciencia se le daba de modo tan prodigioso que la supo aplicar con maestría a su ficción literaria; que mantuvo con el alcohol una relación de complicidad luminosa, hiriente y desgarradora; que las mujeres lo hicieron pedazos —cuando llegaba a esta parte, hacía yo un tono de voz que parecía incluirme a mí mismo entre los abatidos por el sexo femenino—; que aunque tuvo admiradores selectos en vida, su fama habría de cobrar horizontes gloriosos después de muerto. Cuando por fin aquella mujer se sentía involucrada en la conversación, sin salida posible, le narraba el cuento. Por supuesto, lo suspendía en momentos culminantes para agitar su ansiedad. Y, por supuesto una vez más, no le contaba el final; sobra decir que la cita se repetía hasta que yo lo considerara adecuado. Buen método. Con el tiempo me enteré que el mismísimo Poe solía llevarlo a cabo. Que acostumbraba caminar con su prima Virginia —cuando aún era una niña y con quien más tarde habría de casarse— y contarle historias maravillosas, de su cosecha, para irla fascinando, irla haciendo suya por el lado del encantamiento.

6) En este terreno de las mujeres, Poe no fue definitivamente un maestro —¿y qué varón podría serlo, si las mujeres son materia

insondable?—. Más bien, su vida pareció transcurrir en una especie de vaivén, siempre de un extremo de dolor amoroso a otro, más desdichado aún. La enfermedad y muerte de Jane Craig Stanard, una mujer de edad y extraordinaria belleza de la que estaba platónicamente enamorado, dejó en él una profunda huella de melancolía y abatimiento. Sin duda, esta desgracia influiría en el tramado de sus personajes femeninos. Que son personajes límite, siempre sujetos de tragedia. Personajes hermosos, enfermizos, de pronto vampirescos, de pronto catalépticos. Es como si Poe se complaciera no sólo en ser trágico, sino en sacudir al presunto lector, en hacerlo partícipe de su arrobo para luego matar aquella mujer y destruir todo el embeleso ("Eleonora", "Berenice", "Ligeia", "La caída de la casa de Usher"...); o al revés, ¿pues no acaso el mejor modo de tornar inmortal la belleza es destruirla? Así, primero se explaya en describir la belleza de estas —sus— mujeres. A cada cual, más bella. De hecho, Poe es uno de los escritores que se detiene con mayor meticulosidad en la descripción de las peculiaridades femeninas. Basta con leer lo que dice de Ligeia, en el cuento intitulado con este mismo nombre: "En belleza de rostro ninguna doncella jamás la igualó. Era el resplandor de un sueño opiáceo [el opio, por cierto, es el gurú de este cuento]... una sublime y elevada visión espiritual más delirantemente divina que las fantasías en la flotante visión sobre las adormecidas almas de las hijas de Delos". Y más todavía: "Miré los contornos delicados de la nariz... y en ninguna parte, excepto en los maravillosos medallones de los hebreos, percibí una perfección similar. Había la misma tersura espléndida en la superficie, la misma tendencia apenas perceptible a lo aguileño, las mismas curvas armoniosas de la nariz hablando de la libertad de su espíritu".

7) Ya me imagino la fascinación de aquella prima suya, Virginia —que terminó casándose con Poe a sus 13 años; él frisaría los 27—. Exactamente la misma que produce en el lector el conocimiento de sus cuentos. Eso es algo en lo que quiero insistir. Edgar Allan Poe es un escritor que no envejece. Pensemos en el Poe de los cuentos de terror

—¿de horror?, ¿de miedo?, ¿negros?, los críticos se desgajan del chongo por etiquetar los cuentos de Poe—, por ejemplo de "El gato negro", "El corazón delator" o de "La caída de la casa de Usher". Hoy día, quién no lo sabe, cualquier lector navega con bandera de sabelotodo, es decir, de soberbia, más todavía en lo tocante al *miedo*. Como si aun el más incipiente lector diera todo por visto. Y no porque haya leído mucho sino porque ha visto mucha televisión —¿debería haber dicho "cine", en cuanto a efectos especiales y relandecimiento narrativo se refiere?—, ese lector se crea una especie de coraza, de que ya nada le conmueve, de que su corazón ha quedado a buen resguardo. Pues bien, yo desafío a ese individuo —seguramente joven, seguramente con la vida en un puño—, lo desafío a que si en su mestizaje humano yace un ápice de honestidad lea esos cuentos. Que los lea y se enfrente a sus miedos, los de él, que van a aflorar como palomitas de maíz cuando aún están brincando al fuego. Imposibles de controlar.

8) El tufo de Poe mueve estas páginas.

9) Edgar Allan Poe era un polígrafo nato. Y astuto. Lo mismo escribía poesía que narrativa, ensayo que crítica. (no pensemos en un Poe separado del otro; su mundo literario conformaba en él una unidad indisoluble.) Bueno, seguramente cuando trabajó en periódicos practicó corrección de estilo, así como redactó cabezas y pies de ilustración para ganarse la vida. Sus cuentos son ejemplo clarísimo de estas facultades literarias. En varios de ellos —por ejemplo en "Los crímenes de la calle Morgue" y en "La carta robada"— se respira, incrustado en el corazón mismo de la narración, el ensayo, pero puesto con tal tino que no estorba la acción sino la empuja; lo mismo ocurre con la poesía, que en "Ligeia" y en "La caída de la casa Usher" se revela con doble perfil: de un lado, en toda su magnificencia poética; del otro, como un elemento más del tramado narrativo, que en ningún momento interrumpe el alud de los acontecimientos. Esto es tan difícil de lograr, la irrupción del ensayo y/o la poesía en

el transcurso de un *corpus* cuentístico, que con frecuencia lleva a muchos autores a convertirse en verdaderos somníferos; al punto de que hay médicos que los recomiendan como sustitutos del Valium. Buena medida, que torna populares a muchos escritores indeseables.

10) Pero esta intrusión de la poesía en los cuentos de Poe no sólo se advierte en el poema propiamente dicho, en los versos que descuellan entre la selva de la prosa, sino en los constantes recursos poéticos que Poe trae a la menor provocación. Imágenes, metáforas, comparaciones, deslindes, adjetivación, en fin todo un lenguaje sujeto a la belleza y precisión del poeta, constituyen algo así como la materia alada del estilo Poe —no en balde escribió: "Soy irremediablemente poeta"—. De ahí que resulte inimitable; si en un taller de narrativa algún maestro —coordinador, sería más apropiado decir— tuviese a bien poner como ejercicio la imitación de un cuento de Poe, a lo máximo que los alumnos llegarían sería a urdir tramas demoniacas pero pasarían por alto el enjambre del lenguaje; y a la inversa, si esto sucediese en un taller de poesía, los alumnos se empeñarían en imitar el lenguaje pero pasarían por alto la urdimbre terrible.

11) Me imagino a Poe escribiendo. Digamos, "La carta robada". Cómo se habrá divertido haciéndolo. Es un cuento para sobredotados. La capacidad de análisis, su inferencia indestructible que despliega a lo largo de toda la narración, de la contundencia de la lógica como pieza fundamental de artillería, pone a prueba la concentración del más avispado lector. Digo que es para sobredotados porque para entenderlo en todos sus matices, en toda su sutileza, en todos sus hallazgos, sus recovecos y sus acentos, hay que leerlo y detenerse línea por línea, hasta tocar su fondo —cuando yo emprendo su lectura necesito a mi mujer a mi lado, para que me dé una mano (y para otras cosas)—. Leerlo y releerlo. Sopesar cada afirmación. Sin dejar de lado el fino humor del que hace gala al burlarse sin piedad de la autoridad policiaca —algo que todos hemos querido hacer, pero que le está dado a muy pocos—, autoridad que en principio habría de

haber desenredado el nudo narrativo. Me lo imagino, pues, escribiendo. Y en este sentido, el del hombre que hace escarnio de los pobres mortales que lo rodean, traigo a la mesa unas líneas suyas, que siempre guardo bajo la manga: "No soy ambicioso más que en forma negativa. Pero de cuando en cuando me asalta de improviso el deseo de golpear a cualquier imbécil, simplemente porque me repugna dejar creer a un imbécil que puede golpearme a mí. Soy profundamente consciente de una vanidad, de la cual a casi todo el mundo le gusta hablar; de la vanidad de la vida temporal".

12) Cada quien encuentra lo que busca en lo que lee. Y, en efecto, encontré una alusión a la música, que si en un principio me desconcertó más tarde me produjo una sonrisa cómplice. Dice Poe en el cuento de Usher, cuando habla del protagonista Roderick Usher: "Sufría mucho [la mayoría de los personajes de Poe, sobre todo los de sus historias de terror, siempre sufren; están atravesados por el sufrimiento, como si la desdicha fuera una maldición que los persiguiera aún más que su propia sombra, o como si a fin de cuentas el desconsuelo fuera el mejor caldo de cultivo para padecer atrocidades]. Sufría mucho de una mórbida agudeza en los sentidos; la más insípida comida era la única que soportaba; sólo podía vestir ropa de cierta textura; los aromas de todas las flores le resultaban opresivos [esta aseveración habría deleitado a Wilde]; sus ojos eran torturados incluso por la más tenue luz; y sólo había peculiares sonidos, y éstos de *instrumentos de cuerda* [el subrayado es mío] que no le inspiraban horror". Digo que cuando leí esto me sobrevino un estremecimiento. Encontré una afinidad en lo que se refiere a los instrumentos de cuerda; pero invertida, pues siempre he creído que se dificulta mucho más escuchar cualquier miembro de la familia de estos instrumentos que, por ejemplo, los de percusión, como son los teclados. Aunque más adelante Poe indica que su personaje tocaba la guitarra (esto es, instrumento de cuerda rasgada), aquella impresión del gusto contrapunteado permaneció en mí. Por un momento pensé que Poe no sabía de lo que estaba hablando, que si aquel

hombre, el tal Roderick Usher, sufría de esa híper sensibilidad, con muchísimo esfuerzo sería capaz de tolerar la audición de un instrumento de cuerda; de hecho, hay personas que ni aun gozando de una perfecta salud espiritual —perdón por el término— son capaces de sentarse a escuchar a un violinista. Se les pone la piel chinita. Como si estuvieran oyendo tallar un gis en el pizarrón. Pero si en un principio pensé que el tema no le era del todo conocido a Poe, más tarde conjeturé que en el fondo podía tratarse de un ardid, de un dislate deliberadamente puesto y deliberadamente oculto, sólo visible para ociosos. Pero creo que voy más que a eso. Creo que si cada lector se propusiese encontrar algún acertijo en la cuentística de Poe, lo encontraría. Sobre cada aseveración que formula se podría reflexionar horas. Esto sin dejar de lado la emoción que provoca su lectura, y lo menciono por si alguien objeta que un cuento habrá de ser una obra conmovedora antes que un amasajo de enigmas. Tal vez; pero en Poe todo convive. Felizmente.

13) Recuerdo la primera vez que leí a Edgar Allan Poe. Aquel libro bellísimo, ilustrado con dibujos a todo color, que mi madre me regaló en algún cumpleaños. Yo tendría 12 o 13 años, y lo llevaba a todas partes conmigo. Siempre he sido muy díscolo, o quizás estaba yo rodeado de puros miopes, pero el caso es que no recuerdo habérselo mostrado a nadie; más bien era para mi exclusivo goce personal. Hasta que pasó lo que tenía que pasar: lo perdí. No sé si me lo robaron o lo extravié. De lo que sí estoy seguro es que su pérdida me dolió mucho, tanto que me propuse adquirirlo pero esta vez con mis propios medios. Cosa que jamás pude hacer por una razón u otra. Sin embargo, a la vuelta de los años, caminando por Donceles, se me ocurrió entrar a una librería de viejo; no voy a decir que recuperé mi ejemplar porque no estoy aquí para mentir, pero sí uno idéntico, que ahora reposa entre mis libros de cabecera. Cuando paso sus páginas —cosa que estoy haciendo en este momento—, vuelvo a tener exactamente la misma sensación de asombro delante de aquellas ilustraciones tan exquisitamente hechas, como si no

hubieran transcurrido casi 40 años. Como si 40 años fueran nada. Quién lo dijera. Una migaja de tiempo.

14) El tiempo es una de las constantes de la cuentística —que es de lo que estamos hablando, pero básicamente de los cuentos incluidos en este volumen— de Poe. En "Los hechos en el caso del señor Valdemar" y en "El retrato oval", el tiempo es el verdadero príncipe. Vence a la muerte misma. Es decir, Poe logra sujetarlo y detenerlo. Someterlo a su arbitrio. Mediante el ardid del encantamiento, el tiempo repta por abajo del cuento. Hasta que se detiene. El cuento prosigue su discurso ya sin la terquedad de ese convidado. Entonces la historia navega triunfadora. Ha dejado atrás aquello que ha hecho perder el sueño a los hombres.

15) "Agarraba el vaso seductor normalmente sin añadirle azúcar ni agua, y se lo echaba de un trago sin que pareciera proporcionarle placer alguno y sin parar hasta que la última gota había llegado a sus labios. No podía tomarse más de un vaso. Pero ese vaso era suficiente para poner toda su sensible naturaleza en un estado de excitación que le hacía prorrumpir en palabras fascinantes y entusiastas", reza esta descripción de un amigo de la juventud de Poe. No cabe duda que el alcohol le ha de haber permitido a Poe adentrarse en las cavernas humanas, a modo de una antorcha que le alumbrase los recovecos más profundos de esa bestia llamada ser humano. Porque hay un momento, un instante acaso, cuando el alcohol empieza a colmar el torrente sanguíneo, que todo se ve con lucidez pasmosa. El alcohólico inteligente —mejor todavía: el alcohólico escritor— casi se va de bruces cuando aquella realidad apenas turbia hacía unos cuantos minutos, se ve como es, en toda su mórbida voluptuosidad, para unos, o en todo su derrumbamiento, para otros. Entonces las palabras fluyen en alud vertiginoso, y el alcohólico quisiera registrarlas en toda su belleza. Urde poemas, novelas, ensayos, las ideas lo asaltan, los cuentos cobran forma, las construcciones de la prosa se suceden. Desde luego, no podrá capturar ni siquiera el dos por ciento de todo

este río de vigor y poder; ésa es una de las muchas razones por las cuales ese hombre volverá a beber. Porque querrá hacer suyo ese mundo que le fue dado contemplar desde la cima de su conciencia, aquella a la que se llega luego de dolorosas caídas y tropiezos indecibles. El solo hecho de contemplar desde ahí toda la mediocridad incita a la bebida. Poder separarse de la ralea que comprenden las huestes humanas, es razón suficiente para despreciar la sobriedad. Poe sabía perfectamente el efecto del alcohol, aun en sus más recónditos pasajes. Las alusiones al trago —generalmente a la ginebra— son constantes en sus cuentos. Y comparte la sintomatología del alcohólico, como se comparte un turrón. Dice en "La caída de la casa de Usher": "Su voz variaba con rapidez de una trémula indecisión (cuando el espíritu animal parecía en absoluta inactividad) a esa suerte de enérgica concisión —esa abrupta, pesada, lenta y cavernosa enunciación—, esa plomiza, autobalanceada y perfectamente modulada declaración gutural, que *puede observarse* [el subrayado es nuestro] en el borracho perdido o en el incorregible fumador de opio, durante los periodos de más *intensa excitación* [ídem]". Digo que se las sabía todas y es cierto. Aún hoy día hay gente, sobre todo de la pretendidamente culta, que se intimida, por prejuicios o hipocresía, y que no es capaz de calificar a Poe como un alcohólico, o bien como un opiómano. Las cosas son como son, por encima de ideas preestablecidas, y el punto es que sin estos estimulantes, que Poe consumió bajo el arrebato de la pasión más que de la contemplación sibarita, el arte de este maestro no sería lo que es. En fin. Que tampoco se tomen estas palabras como una invitación a la bebida. Nada de eso. Porque es lo último que quisieran ser. No es por el alcohol ni por el opio que Poe es un genio, o, en otros términos, no basta con ser alcohólico o drogadicto para escribir bien. Muchos intentos de escritor, curiosamente influidos por Poe, que han confiado su destino literario a las alas del alcohol o de la droga, no terminan más que causando lástima, sin haber logrado jamás escribir una página imperecedera. Asunto que —escribir una página memorable— no está en las manos de nadie decidir.

16) El escritor verdadero provoca sus temas. Que lo acosen, que no lo dejen conciliar el sueño. Los llama, los convoca cuando ha llegado el momento de hacerlo. Lee uno cuentos como "El tonel de amontillado" y es evidente que el tema le salió a Poe desde el corazón mismo. Que el tema estuvo rascando el alma del escritor hasta que finalmente vio la luz. Hasta dejarlo a la vista, en carne viva. Poe escribía en contra de la complacencia. Se lee "El tonel de amontillado" y la sangre hierve. Se advierte en la lectura que es un tema que Poe dejó anidar en su interior, que lo tuvo ahí, creciendo en silencio, torturándolo tan exactamente como cuando se fragua un crimen y en la mente del asesino crece el plan hasta adquirir la forma siniestra de la realidad. Poe mismo apunta: "Pierdo meses enteros en vagar, en soñar, para reanimarme al fin en una suerte de locura por mi trabajo. Entonces borroneo cuartillas todo el día y leo durante la noche, mientras me dura la fiebre". Sólo así es posible escribir páginas que semejan aquel mensaje que el suicida deja al mundo como último legado. Escritas con mano trémula. Después de ahí no hay nada.

17) Pero en Poe hay algo más que la imaginación enfebrecida; hay la lógica aplastante. Si se lee "Los crímenes de la calle Morgue" uno se pregunta cómo es posible conciliar universos opuestos, como el crimen en su expresión más aterradora con la frialdad más punzante. Plantearse el desafío de un cuento sin solución a la vista, tejido en el tramado de una realidad agobiante, obligó al jefe Poe a dosificar todos sus elementos narrativos, esto es a ir desenmarañando la madeja con parsimonia y elegancia, al modo en que un espadachín maestro se da el lujo de vencer cualquier adversidad sin precipitarse jamás, pues la vida le va en juego. Este planteamiento sin parangón, de someter todo el cuento hacia un cometido, que sin embargo ha de viajar con la velocidad de una saeta al aire —es un cuento tan prodigiosamente escrito, que en ningún momento se puede dejar de leer; aun el lector menos proclive a explayar su imaginación, que los hay, se pregunta cómo diablos le va a hacer Poe para salir airoso—, este *tour de force*, es como las bridas por las cuales se sujeta la beli-

cosdel animal. Un claro desafío cuya sola enunciación habrá fascinado a Poe.

18) Como Brahms, Poe es maestro absoluto del *crescendo*. Igual que el viejo zorro alemán, pone toda la orquestación al servicio de aumentar la emoción en el interlocutor. Conforme la obra transcurre, la sangre se imbuye del ritmo telúrico de Poe.

19) Conozco a un hombre de gran parecido con Edgar Allan Poe: Enrique González Philips, violinista. Pero no sólo el parecido es notable en lo físico (Johnny Depp no se queda atrás). Enrique González Philips es de alma atormentada. Pero esto viene a colación porque a través de la lectura de los cuentos de Poe —fundamentalmente de "William Wilson" y de "La caída de la casa de Usher"— pude adentrarme en el espíritu de mi amigo. Es inaudito cómo el bisturí escritural de Edgar Allan Poe disecciona la condición humana. En sus personajes están todos los hombres. Rasca uno y descubre las desdichas del padre, las ambiciones del hermano, los sueños del cofrade. Todo partió de un hecho. Alguna vez entré en forma imprevista a la casa de Enrique González Philips. Lo encontré leyendo un libro, el rostro bañado en lágrimas. Le pregunté qué leía y se limitó a mostrarme el opúsculo de Poe.

20) Le ha pasado a todo escritor: que al momento de escribir en el teclado la palabra "por" escriba "poe". Entonces su imaginación vuela. Es como una señal de que las cosas marchan. De que en el mundo sigue habiendo alguien torturado por la perfección. El jefe de jefes Poe.

Tlalpan de MMII

WILLIAM WILSON

¿Qué decir de ella? ¿Qué decir de la
torva CONCIENCIA, de ese espectro en mi camino?

CHAMBERLAYNE'S, Pharronida

Permítanme que me llame a mí mismo, por el momento, William Wilson. La hoja que se encuentra ante mí no merece la mancha de mi verdadero nombre. Demasiado ha sido ya objeto del escarnio, del horror y del aborrecimiento de mi estirpe. Los vientos, indignados, ¿acaso no han esparcido hasta las regiones más apartadas su infamia incomparable? ¡Oh proscrito!, ¡oh tú, el más abandonado de los proscritos!... ¿No estás muerto para la tierra?, ¿para sus honores, sus flores, sus doradas aspiraciones? ¿No hay una nube densa, depresiva, ilimitada, que se ha interpuesto eternamente entre tus esperanzas y las del cielo?

No querría, aunque pudiese, encarnar un registro de mis últimos años de miseria indecible e imperdonable crimen. Esta época —estos años recientes— han llegado a un nivel excesivo de infamia, pero es mi propósito determinar sólo el origen de ésta. Los hombres, por lo general, van cayendo en la vileza gradualmente. Pero en mi caso, la virtud se desprendió toda en un instante, de golpe, como un manto. De una maldad relativamente trivial pasé, con el paso de un gigante, a enormidades más grandes que las de un heliogábalo. Permítanme relatar la ocasión, el lance que trajo sobre mí la maldición. La muerte se acerca, y la sombra que la antecede, ha traído una influencia tranquilizadora a mi espíritu. Anhelo, mientras atravieso el oscuro valle, la simpatía —bien pude decir la compasión— de mis semejantes. Desearía que creyeran, en cierta medida, que he sido esclavo de circunstancias más allá del control humano. Desearía que

21

buscaran en mi favor, en los detalles que voy a darles, algún pequeño oasis de *fatalidad* en ese desierto del error. Me gustaría que reconocieran —como no dejarán de hacerlo— que si bien la tentación puede haberla parecida, nunca nadie ha sido tentado *así*, y —ciertamente— jamás *así* ha caído. ¿Será por eso que nadie nunca ha sufrido de esta manera? ¿No habré vivido en un sueño? ¿No moriré víctima del horror y el misterio de la más insólita de las visiones sublunares?

Yo desciendo de una raza cuyo carácter imaginativo y fácilmente excitable se ha destacado en todo momento; ya en la infancia más temprana di evidencia de tener el carácter de mi familia. Y conforme avancé en años, más se desarrolló esta peculiaridad; llegando a ser, por muchas razones, causa de ansiedad en mis amigos, y de detrimento para mí. Crecí entregado a los caprichos más extravagantes, y presa de las pasiones más díscolas. Y mis padres, débiles, asediados por defectos semejantes a los míos, poco pudieron hacer para corregir las perversas tendencias que me distinguían. Hicieron algunos esfuerzos endebles y enfermos que resultaron en un completo fracaso de su parte y, por supuesto, triunfos para mí. Desde entonces, mi voz se hizo ley en nuestra casa; y a una edad cuando pocos niños han dejado las andaderas, fui amo de mi propia voluntad y me convertí en el dueño de mis acciones.

Mis recuerdos más tempranos de la vida escolar se refieren a una gran casa isabelina de una neblinosa aldea de Inglaterra. En ella se alzaban árboles gigantescos y torcidos, y todas las casas eran antíquisimas. En verdad, aquel pueblo era un lugar de ensueño propio para apaciguar el espíritu. Ahora mismo, en mi quimera, siento la refrescante atmósfera de sus avenidas ensombrecidas, inhalo la fragancia de sus mil malezas, y me emociono nuevamente con la delicia indefinible de oír la nota profunda y hueca de la campana que cada hora llama a la iglesia, con su tañido hosco y súbito que rompe la inmovilidad de la atmósfera negruzca en que reposa el raído campanario gótico.

Siento, quizá, el mayor placer que estos días me es posible, en demorarme sobre los recuerdos de la escuela y sus episodios.

Empapado en la miseria como estoy —¡ah, miseria tan real!—, se me indultará si busco alivio, aún si es efímero, en divagaciones pueriles. Estos detalles, triviales y ridículos en sí mismos, asumen en mi imaginación cierta importancia, ya que están conectados con un periodo y un lugar en que reconozco la presencia ambigua del destino que más tarde habría de aquejarme. Permítanme recordar.

La casa, como he dicho, era vieja y de trazo irregular. Los terrenos eran vastos y una pared de ladrillo sólido y alto, terminada en una capa de mortero y cristales rotos, los rodeaba en su totalidad. Este muro, semejante al de una prisión, formaba el límite de nuestro dominio; más allá de éste, posábamos la mirada sólo tres veces a la semana —una cada sábado por la tarde, cuando, acompañados por dos conserjes, se nos permitían breves caminatas en grupo a través de los campos de alrededor; y las otras dos durante el domingo, cuando íbamos a los servicios de la mañana y la tarde en la única iglesia de la aldea—. De esta iglesia, el director de nuestra escuela era el pastor. ¡Oh, cuán profundo era mi asombro y perplejidad cuando lo contemplaba desde mi asiento, ascendiendo al púlpito con paso lento y solemne! ¿Este hombre reverente, de expresión tan serena y benigna, con túnicas satinadas que ondulaban clericalmente, con la peluca minuciosamente empolvada, tan rígida y extensa, podía ser quien, más tarde, con el rostro agrio y las ropas manchadas de rapé, administraba, férula en mano, las leyes draconianas de la academia? ¡Oh, inmensa paradoja, demasiado monstruosa para tener solución!

En un ángulo de la pesada pared rechinaba una puerta aún más espesa. Remachada y asegurada con cerrojos de hierro y coronada con pernos de hierro. ¡Qué impresión del más profundo terror inspiraba! Jamás se abría, salvo para las salidas y retornos mencionados; en que, a cada crujido de sus potentes goznes, encontrábamos una plenitud de misterios —un mundo de cosas sobre las cuales hacer comentarios o meditar solemnemente.

El extenso muro era irregular en su forma, tenía muchos recesos espaciosos. Y de estos, tres o cuatro de los mayores formaban el campo de juego. El suelo se hallaba nivelado y cubierto con una capa de grava fina. Recuerdo bien que no tenía árboles, ni bancas, ni nada parecido. Por supuesto estaba en la parte posterior de la casa. En el frente había un pequeño cantero, sembrado de arbustos; pero a través de esta sagrada división sólo pasábamos en ocasiones singulares —como un primer advenimiento a la escuela o en la salida final, o quizá, cuando un padre o amigo nos había requerido—, y partíamos alegres a nuestro hogar, a pasar las vacaciones de Navidad o verano.

¡Pero la casa! ¡Cuán raro era aquel viejo edificio! ¡Y para mí, un verdadero palacio de encantamiento! No había fin a sus vueltas y revueltas, y tampoco sus divisiones incomprensibles. Era difícil, a cualquier momento, decir con certeza en cuál de los dos pisos se estaba. Entre habitaciones, había siempre tres o cuatro escalones que subían o bajaban. Las alas laterales eran además, innumerables —inconcebibles—, y volvían sobre sí mismas, de tal forma que nuestras ideas más claras con respecto a la casa no diferían mucho de ésas con que nos referíamos al infinito. Durante los cinco de años de mi residencia, nunca fui capaz de establecer con precisión en qué remota localidad se hallaban situados los dormitorios que me fueron asignados a mí y a otros dieciocho o veinte colegiales.

El aula era la más grande de las habitaciones en la casa y —no puedo dejar de pensarlo— del mundo entero. Era muy larga y estrecha, y desconsoladamente baja, con ventanas de arco gótico y un techo de roble. En un ángulo remoto y aterrador había un anexo cuadrado de ocho o diez pies, que comprendía el *sanctum*, destinado a las oraciones de nuestro director, el reverendo doctor Bransby. Era una estructura sólida, con una puerta maciza, y antes de abrirla en ausencia del "dómine", hubiéramos perecido de buena gana por la *peine forte et dure*. En otros ángulos, había dos recintos similares, mucho menos reverenciados, desde luego, pero que no dejaban de inspirar cierto pavor. Uno de éstos era el que correspondía al profesor "clásico", y el otro a "inglés y matemáticas". Dispersas sobre la sala, cruzándose y recruzándose en aquella irregularidad interminable, estaban los innumerables pupitres y escritorios, negros y antiguos, carcomidos por el tiempo, cubiertos de libros hojeados hasta el hartazgo, y tan llenos de ciertas iniciales, nombres completos, figuras grotescas y otros esfuerzos del cortaplumas, que habían perdido todo lo que podía quedarles de su forma original. Un enorme balde de agua aparecía en un extremo de la sala, y un reloj de dimensiones formidables al otro.

Encerrado en las macizas paredes de esta venerable academia, pasé, sin tedio ni asco, los años del tercer lustro de mi vida. El fecundo seso de un niño no requiere de los sucesos del mundo externo para ocuparlo; y la monotonía aparentemente depresiva de la escuela estaba repleta de excitación más intensa que la derivada de la lujuria en mi mocedad o del crimen en mi hombría. Sin embargo, debo admitir que mi desarrollo mental salía ya de lo común e incluso tuvo mucho de exagerado. En general, los sucesos de existencia muy temprana rara vez tienen, en la edad madura, una impresión definitiva. Todo es una sombra gris —un recuerdo débil e irregular —, una evocación indistinta de placeres endebles y dolores fantasmagóricos. Es sólo que en mi caso no es así. En la niñez debo de haber sentido con todas las energías de un hombre lo que ahora encuentro grabado en líneas tan vívidas de mi memoria, tan profundas y duraderas como los exergos de las medallas cartaginesas.

Y sin embargo —desde el punto de vista del mundo—, ¡qué poco había ahí para recordar! Despertarse por la mañana para volver a la cama por la noche; los estudios, las recitaciones; las vacaciones periódicas y los paseos; el campo de juegos, con sus querellas, sus pasatiempos, sus intrigas. Todo eso que sería, por una hechicería mental, olvidado, fue para mí un mundo de sensación, un mundo de incidencia rica, un universo de variada emoción, de la excitación más apasionada. *Oh, le bon temps, ce siècle de fer!*

En verdad, el ardor, el entusiasmo y lo imperioso de mi disposición pronto me rindió un carácter marcado entre mis condiscípulos, y por una lenta, pero natural gradación, fui ganando ascendencia sobre los que no eran mucho mayores que yo; —sobre todos con una excepción. Esta excepción se encontró en la persona de un alumno, quien, aunque ninguna relación tenía conmigo, llevaba el mismo nombre y apellido—; esta circunstancia, poco notable de hecho, ya que a pesar de mi ascendencia noble, el mío era uno de esos apellidos que la cotidianidad, al parecer, ha hecho propiedad común de la multitud por derecho prescriptivo. En este relato, me he designado a mí como William Wilson —un nombre ficticio, aunque no muy distinto del verdadero—. Y sólo mi tocayo, de ésos que constituían en la fraseología escolar "nuestro grupo", osaba competir conmigo en los estudios, en los deportes y en el campo de juegos, rehusando creer ciegamente mis afirmaciones y ser sumiso a mi voluntad, inmiscuyéndose en mi dominio arbitrario en cualquier aspecto. Si hay sobre la tierra un despotismo supremo e ilimitado, es el despotismo que en la pubertad un muchacho extraordinario ejerce sobre los espíritus menos energéticos de sus compañeros.

La rebelión de Wilson constituía para mí un continuo fastidio; más cuando, a pesar del alarde con que lo trataba en público a él y sus pretensiones, sentía que en el fondo le tenía temor, y no podía dejar de pensar que la igualdad que él mantenía tan fácilmente conmigo, era una demostración de su superioridad; ya que, para no ser superado estaba obligado a una lucha perpetua. Aunque esta superioridad —esta igualdad—, no era reconocida por nadie sino por mí; nuestros socios, por alguna ceguera inexplicable, ni siquiera parecían sospecharla. La verdad es que su competencia, su oposición y especialmente su interferencia impertinente y obstinada hacia mis propósitos, no eran más hirientes que privadas. Él parecía estar exento de la ambición y la energía apasionada que me permitía sobresalir. Su rivalidad se podía suponer originada por el caprichoso deseo de contradecir, asombrar o mortificarme; aunque había veces en que yo no dejaba de observar, con un sentimiento constituido de portento, humillación y rencor que él mezclaba con sus ofensas, sus insultos o sus contradicciones, cierta inapropiada e intempestiva *afectuosidad*. Yo sólo podía concebir este comportamiento singular proveniente de una consumada suficiencia, que adoptaba el tono vulgar del auspicio y la protección.

26

Quizá era esta característica en la conducta de Wilson, conjuntamente con la identidad de nuestro nombre y la mera coincidencia de nuestra entrada a la escuela en el mismo día, lo que dio origen a la noción de que éramos hermanos, cosa que creían todos los alumnos de las clases superiores en la academia. Éstos no averiguan comúnmente los detalles en los asuntos de sus menores. Yo he dicho, o debí decir, que ese Wilson no estaba ni en el grado más remoto emparentado con mi familia. Pero si hubiéramos sido hermanos, con toda seguridad habríamos sido mellizos; ya que, después de dejar la academia del doctor Bransby, informalmente supe que mi tocayo nació el 19 de enero de 1813 —y esta es una coincidencia notable, ya que éste es precisamente el día de mi natalicio.

Puede parecer extraño que, a pesar de la continua inquietud ocasionada por la rivalidad de Wilson y su espíritu inaguantable de contradicción, me resultara imposible odiarlo por completo. Es cierto que tuvimos casi todos los días una querella, al fin de la cual, mientras me cedía públicamente la victoria, de alguna manera se las ingeniaba siempre para hacerme sentir que era él quien la había merecido; y no obstante eso, mi sentido de orgullo y una gran dignidad de su parte, nos guardaba siempre en lo que se suele llamar "buenas relaciones", a la vez que había muchos puntos de congenialidad en nuestros actos, que operaban para despertar en mí un sentimiento que tal vez sólo nuestra posición impedía convertir en amistad. Es difícil, desde luego, para mí definir o aún describir mis sentimientos verdaderos hacia él. Ellos formaron una mezcla multicolor y heterogénea; algo de petulante animosidad, que no llegaba al odio, algo de estima, aún más de respeto, mucho temor y una curiosidad intranquila. Al moralista será innecesario decirle, además, que ese Wilson y yo fuimos compañeros inseparables.

No hay duda alguna de que el estado anómalo de esa relación que existía entre nosotros, encaminó todos mis ataques hacia él (y eran muchos, abiertos o secretos), en forma de burla o broma pesada (infringiendo dolor en un acto que se suponía mera diversión), más que en una hostilidad seria y determinada. Pero mis empeños en ese sentido no eran de ninguna manera siempre exitosos, por más que mis planes estaban ingeniosamente concertados; había en el carácter de mi homónimo mucho de esa austeridad modesta y quieta que, si bien disfruta la viveza en sus propias bromas, no tiene talón de Aquiles en sí, lo que impide toda posibilidad de que alguien ría a sus costillas. Yo pude encontrar uno, desde luego, pero sólo un punto vulnerable; le venía de una peculiaridad personal, proviniendo quizá de una enfermedad constitucional que habría sido ignorada por cualquier antagonista menos exasperado que yo; mi rival tenía un defecto en los órganos vocales, que lo excluía de levantar la voz por encima *de un susurro apenas perceptible.* Y yo no dejé de tomar la mísera ventaja que aquel defecto ponía en mi poder.

Las represalias de Wilson eran muchas, pero una de las formas de su malicia me perturbó más allá de toda medida. Jamás podré saber cómo su sagacidad lo llevó a descubrirlo, cómo pudo saber que algo tan insignificante me ofendía, es una pregunta que yo nunca podré resolver; pero habiéndolo descubierto, él practicó esa molestia habitualmente. Yo siempre tuve una aversión a mi apellido poco elegante y mi nombre tan común, que eran casi plebeyos. Aquellas palabras eran veneno en mis oídos, y cuando el día de mi llegada un segundo William Wilson vino también a la academia, lo detesté por llevar ese nombre y me sentí doblemente disgustado con el hecho de ostentarlo un desconocido, lo que sería causa de una constante repetición, que estaría todo el tiempo en mi presencia, y cuya actividad en la vida ordinaria de la escuela sería con frecuencia confundida con la mía a causa de una coincidencia execrable.

El sentimiento de ultraje así engendrado creció más con cada circunstancia que revelaba una semejanza, moral o física, entre mi rival y yo. No había descubierto entonces el hecho notable de que teníamos la misma edad; pero comprobé que teníamos la misma estatura y que nos parecíamos, incluso, en mucho de las facciones y del aspecto físico. También me molestaba en demasía el rumor que había crecido en los alumnos de clases superiores de que había un parentesco entre nosotros. En una palabra, nada podía perturbarme más (aunque yo escrupulosamente escondía tal perturbación) que cualquier alusión a una similitud de mente, persona o condición que existía entre nosotros. Por cierto que nunca tuve razón para creer que (con la excepción de la materia de parentesco) esta similitud fuera comentada, ni observada por nuestros compañeros de escuela. Que *él* las observaba en todos sus aspectos, y tan firmemente como yo, era evidente; pero que él pudiera descubrir en tales circunstancias un campo de molestia tan fructífera, puede únicamente atribuirse, como dije antes, a la más extraordinaria compenetración.

La réplica, que consistía en perfeccionar su imitación de mi persona, era en palabras y en acciones; y él desempeñaba hábilmente su papel. Mi forma de vestir era fácil de copiar; mis actitudes y mi manera de moverme, pasaron a ser suyos sin dificultad; incluso, y a pesar de su falla constitucional, llegó a imitarme en la voz. Nunca intentó, por supuesto, imitar mis tonos más fuertes, pero entonces el tono, era idéntico, *y su extraño murmullo llegó a ser el eco mismo de mi propia voz.*

No diré hasta qué punto este minucioso retrato (pues sería injusto llamarlo una caricatura), me acosó. Tenía entonces el consuelo de ser el único que lo notaba, así que no tuve que aguantar sino las sonrisas de complicidad y sarcasmo de mi homónimo. Satisfecho con haber producido en mi seno el efecto que buscaba, parecía divertirse en secreto del aguijón que me había enterrado, desdeñando sistemáticamente el aplauso que sus ingeniosos empeños hubieran obtenido tan fácilmente. Que nadie en la escuela advirtiera sus intenciones, comprobaran su cumplimiento y participara en su mofa, fue, por muchos y ansiosos meses, un acertijo que jamás pude resolver. Quizá la *gradación* de su copia no la hizo tan fácilmente perceptible o, más posiblemente, debía mi seguridad a la maestría de aquel copista, que, desdeñando lo literal (que es todo lo que la gente obtusa ve en una pintura), sólo ofrece el espíritu del original para que únicamente yo pudiera contemplarlo y mortificarme.

He hablado más de una vez ya del repugnante aire protector que asumía Wilson hacia mí, así como de su oficiosa y frecuente interferencia para conmigo. Esta interferencia solía tomar el carácter desagradable de un consejo; por lo demás insinuado antes que abiertamente ofrecido. Yo lo recibía siempre con una repugnancia que ganó fortaleza conforme crecí en años. Y aún, en este día distante, séame dado declarar con toda justicia que no recuerdo ninguna ocasión en que las sugerencias de mi rival me incitaran a esos errores e insensateces tan usuales de una edad inmadura y carente de experiencia; su sentido moral, por lo menos, si no su talento y sapiencia mundana era, por mucho, más agudo que el mío; y yo habría sido un hombre mejor y más feliz, de rechazar sus consejos con menos frecuencia, de haber escuchado aquellos consejos encerrados en susurros y que entonces tanto odié y desprecié amargamente.

Así eran las cosas, cuando acabé impacientándome ante tan desagradable supervisión, y lo que consideré una arrogancia inaguantable y cada vez más y más ofensiva. Ya he dicho que, en los primeros años de nuestra vinculación como compañeros de clase, mis sentimientos con respecto hacia Wilson bien podrían haber madurado en amistad; pero en los últimos meses de mi estancia en la academia y aunque la impertinencia de sus acciones había disminuido más allá de toda duda, mis sentimientos, en una proporción aproximadamente similar, se inclinaron al más profundo odio. En cierta ocasión creo que lo notó, y desde entonces Wilson me evitó o fingió evitarme.

En esa misma época, si recuerdo bien, tuvimos una disputa violenta, en la que perdió la calma y habló y actuó con una franqueza de comportamiento más bien extraña en su temperamento. Descubrí (o creí descubrir) en su acento, en su aire, y en su aspecto, algo que empezó por sorprenderme y terminó por interesarme hondamente, ya que me traía visiones de mi infancia más temprana —vehementes, confusos y atestados recuerdos de un tiempo cuando la memoria en sí misma aún no había nacido—. No puedo describir la sensación que me oprimía sino diciendo que difícilmente podía rechazar la certidumbre de que había estado vinculado con ese ser ante el cual yo estaba parado y que estaba parado ante mí, en una época que ocurrió hace muchos años, en algún punto de un pasado infinitamente remoto. La ilusión, sin embargo, se desvaneció tan rápidamente como había surgido, y si la menciono es para definir el día en que ocurrió la última conversación que sostuve con mi singular tocayo.

La casa enorme y vieja, con sus divisiones incontables, tenía varias habitaciones grandes que comunican de un lado al otro, donde dormía la mayoría de los estudiantes. Había, sin embargo (como debe suceder necesariamente en un edificio tan torpemente planificado), muchos recintos menores que constituían las sobras de la estructura; y que el ingenio económico del doctor Bransby había adaptado también como dormitorios; aunque, no siendo sino meros armarios, sólo podían contener a un único ocupante. Uno de estos pequeños dormitorios era ocupado por Wilson.

Una noche, hacia el final de mi quinto año en la escuela, e inmediatamente después de la disputa que he mencionado, me levanté de mi lecho mientras los otros dormían y, lámpara en mano, me aventuré por infinitos y estrechos pasajes desde mi alcoba hasta la de mi rival. Había tramado una de esas perversas bromas pesadas, las cuales habían fracasado hasta entonces. Era mi intención, ahora, poner en marcha mi plan, para hacer sentir a mi rival todo el alcance de la malicia con que estaba imbuido. Y habiendo alcanzado su habitación, entré sin hacer ruido, dejé la lámpara en el suelo y la cubrí con una pantalla. Avancé un paso, y escuché el sonido de su respiración. Seguro de que estaba dormido, volví a tomar la lámpara y con ella me acerque al lecho. Las cortinas cercanas estaban alrededor de éste y en cumplimiento de mi plan, las retiré sosegadamente, hasta que los rayos nítidos cayeron sobre el durmiente y mis ojos, al mismo momento, sobre el rostro de mi adversario. Lo miré; un entumecimiento, un escalofrío, me envolvió. Mi seno palpitaba, mis rodillas tambalearon, mi espíritu entero llegó a estar poseído con un horror sin objeto e inaguantable. Luchando por respirar, bajé la lámpara hasta aproximarla lo más cercana a la cara. ¿Eran estos, *esos*, los rasgos de William Wilson? Yo vi, desde luego, que eran los suyos, pero me sacudí como si tuviera un ataque de calentura al imaginar que no lo eran. ¿Qué había en ellos que me confundiera de esa manera? Lo miré; mientras devanaba mi seso con una multitud de pensamientos incoherentes. No era ese su aspecto —no era *así* en las horas de vigilia. ¡El mismo nombre! ¡La misma figura! ¡El mismo día de ingreso a la academia! ¡Y su obstinada imitación de mis pasos, mi voz, mis hábitos y mi aspecto! ¿Era en verdad posible, dentro de los límites de la posibilidad humana, *que esto que ahora veía* fuera el resultado, meramente, de la práctica habitual de su continua imitación sarcástica? Aterrado, y temblando cada vez más, apagué la lámpara y salí silenciosamente del dormitorio, y escapé de inmediato y sin perder ni un momento de la vieja academia, para no volver a ella jamás.

Después de un lapso de algunos meses, que pasé en mera ociosidad en el hogar, entré en el colegio de Eton. El breve intervalo había sido suficiente para vencer mi recuerdo de los sucesos en el instituto del doctor Bransby o, por lo menos, para efectuar un cambio material en la naturaleza de los sentimientos que recordaba. La verdad —la tragedia— del drama no existían ya. Me era lícito dudar del testimonio de mis sentidos y cada vez que tocaba el tema, lo hacía con el portento de lo que es capaz de alcanzar la credulidad humana, y sonreía al pensar en la vívida imaginación que por herencia poseía. Y esta especie de escepticismo no disminuiría con el tipo de vida que tuve en Eton. El vórtice de irreflexiva insensatez en que tan inmediata e imprudentemente me sumergí, lavó lejos de mí el pasado y sólo dejó la espuma, devorando de inmediato cada impresión sólida o seria, y dejando a la memoria únicamente las frivolidades de una existencia anterior.

No deseo, sin embargo, trazar el curso de mi libertinaje miserable aquí —desafiaba las leyes y eludía la vigilancia de la institución. Tres años de insensatez, pasados sin beneficio, me determinaron arraigados hábitos de vicio y aumentaron, en grado inusitado, mi desarrollo corporal. Un día, después de una semana de desalmada disipación, invité a un grupo de los estudiantes más disolutos a una orgía secreta en mis habitaciones. Nos encontramos a una hora de la noche; ya que nuestras crápulas habrían de prolongarse hasta entrada la mañana. El vino fluyó libremente, y no faltaban otras seducciones quizá más peligrosas; al punto que el amanecer gris había aparecido ya débilmente en el este, mientras nuestras delirantes extravagancias estaban en su punto. Alocadamente excitado por las cartas y la embriaguez, estaba en el acto de insistir en un brindis de mayor irreverencia a la acostumbrada, cuando mi atención se desvió repentinamente por la violenta, aunque parcialmente entreabierta puerta de mis aposentos, y por la ávida voz de un sirviente que insistía en que alguna persona exigía hablar conmigo en el vestíbulo, con toda presteza.

Desatinadamente excitado con el vino, la inesperada interrupción me alegró en vez de sorprenderme. Salí tambaleándome, y unos cuantos pasos me llevaron al zaguán del edificio. En esta sala no había lámpara alguna, y sólo la luz del amanecer alcanzaba a abrirse paso por la ventana semicircular. En cuanto puse pie en el umbral, estuve consciente de la figura de un joven de mi altura, vestido en una bata de casimir blanco, cortada a la moda e igual a la que vestía yo en ese momento. La débil luz me permitió distinguirlo en todo, excepto los rasgos de su cara. Al verme, vino precipitadamente a mi encuentro y, tomándome por el brazo en un gesto de petulante impaciencia, susurró las palabras "¡William Wilson!", en mi oído.

Yo estuve perfectamente sobrio en un instante.

Había algo en los modales del forastero y en el estremecimiento trémulo de su dedo levantado, que él retuvo entre mis ojos y la luz, que me llenó de indescriptible asombro; pero no era esto lo que tan violentamente me hubo conmovido. Era la solemne admonición contenida en aquella singular voz baja; y sobre todo, era el carácter, el sonido, el *tono*, de esas pocas y familiares sílabas que había *susurrado*, y que me atestaron mil memorias de días pasados, y golpearon mi alma con el choque de una batería galvánica. Y aún antes de que pudiera recuperar el uso de mis sentidos, se marchó.

33

Aunque este suceso dejó un vívido efecto en mi desordenada imaginación, se disipó bien pronto. Por algunas semanas, desde luego, me ocupé del asunto haciendo toda averiguación seria, o envolviéndome en una nube de especulación mórbida. No fingí negarme a mí mismo la identidad del singular individuo que se inmiscuía de tal manera en mis asuntos, y me acosaba con consejos insinuados. ¿Pero quién y qué era este Wilson? ¿De dónde vino él? ¿Cuáles eran sus propósitos? Sobre ninguno de estos puntos pude encontrar una respuesta que me satisficiera; y con respecto a él, sólo alcancé a averiguar que un accidente súbito en su familia había ocasionado su salida de la academia del doctor Bransby, la misma tarde del día en que emprendí la fuga. Pero un periodo breve bastó para que cesara de pensar en el tema; ya que toda mi atención la absorbieron mis proyectos para ingresar a Oxford. No tardé en trasladarme ahí; la irreflexiva vanidad de mis padres me dotó con una pensión y el establecimiento anual, lo que me permitiría abandonarme al lujo, ya tan estimado por mi corazón, y rivalizar en el desplifarro con los más altivos herederos de los condados más ricos en Gran Bretaña.

Excitado por tales causas al vicio, mi temperamento constitucional se manifestó con redoblado ardor, y desdeñé las restricciones más comunes de la decencia en la loca embriaguez de mis placeres. Sería absurdo detenerme en el detalle de mis extravagancias. Baste con decir, que excedí todo límite —y que, dando nombre a una multitud de novedosas insensateces, agregué un breve apéndice al largo catálogo de vicios que entonces eran usuales en la universidad más disoluta de Europa.

Apenas podía creerse, sin embargo, que por más totalmente caído de mi posición de gentilhombre, habría de llegar a familiarizarme con las artes más soeces del tahúr profesional y que, convertido en experto de tan despreciable ciencia, la practicase habitualmente como medio de aumentar mis ingresos, ya enormes, a expensas de mis compañeros de carácter más debil. No obstante, esa es la verdad. Y lo monstruoso de tal ofensa contra todo sentimiento caballeresco y honorable probó, más allá de la duda, que era la principal si no es que la única razón de la impunidad con que podía practicarla. ¿Quién, entre mis socios más abandonados, no habría disputado la evidencia más clara de sus sentidos, que sospechado de tales actos, al alegre, al franco, al generoso William Wilson —el más noble y liberal compañero de Oxford—, cuyas insensateces (dijeron los parásitos) no eran sino las insensateces de la juventud y el desenfreno fantástico, cuyos errores sólo eran caprichos inimitables, cuyo vicio más oscuro era una extravagancia negligente y vistosa?

Ya llevaba dos años ocupado exitosamente de esta manera, cuando vino a la universidad un joven hidalgo, un *parvenu*, llamado Glendinning —rico, según informes, como Herodes Ático—, y sus riquezas, demasiadas, adquiridas con igual facilidad. Yo lo encontré pronto de intelecto débil y, por supuesto, lo marqué como un sujeto propio para mis habilidades. Lo comprometí con frecuencia en el juego y me las ingenié, con el arte usual de los tahúres, para dejarlo ganar sumas considerables, a fin de envolverlo más efectivamente en mis celadas. Con el tiempo mis planes fueron madurando, hasta que me encontré con él (con la intención decidida de hacer la partida final y decisiva), en las habitaciones de un camarada común, llamado Preston, íntimo de ambos, pero quien, para hacerle justicia, ni siquiera tenía sospecha remota de mis planes. Para dar a todo esto un mejor color, me las había ingeniado para que fuéramos ocho o diez invitados, y fui solícitamente cuidadoso en que la introducción a las cartas fuera hecha por casualidad y que la misma víctima la propusiera. Para abreviar sobre un tema tan soez, no omití ninguna de las bajezas, tan normales en ocasiones similares, que cabe maravillarse de que existan personas tan estúpidas que aún caigan en la trampa.

Estaba ya muy entrada la noche, y efectué la maniobra que me dejó ante Glendinning como único contrincante. El juego era mi favorito, el *ecarté*. El resto de la compañía, interesado en el desarrollo de nuestro juego, había abandonado sus propias cartas y permanecían a nuestro alrededor como espectadores. El *parvenu*, a quien había inducido a beber abundantemente, ahora cortaba, barajaba o jugaba, con una nerviosidad que su embriaguez justificaba sólo parcialmente, pero no por entero. Bastó un periodo muy corto para que él llegara a ser deudor de una gran cantidad, cuando, luego de haber tomado un largo trago de oporto, hizo lo que yo anhelaba tan fríamente: propuso doblar nuestras apuestas que ya eran exageradas. Fingí desgano, y no fue hasta que mi negativa lo provocó a pronunciar palabras de enfado, que finalmente acepté. El resultado, por supuesto, probó cuán enteramente tenía a la presa en mis redes; en menos de una hora había cuadruplicado su deuda.

Por un momento, su rostro había perdido el tinte florido dado por el vino; y para mi asombro, advertí que se cubría de una palidez casi mortal. En verdad me asombró. Glendinning se había presentado ante mí como un hombre inmensamente rico; y las sumas que había perdido hasta ahora, aunque extensas, no podían, supuse, preocuparlo, mucho menos de manera tan grave. Que se trataba de la bebida, fue la primera idea que se me ocurrió; y más por conservar la reputación ante los ojos de mis compañeros, que por cualquier móvil altruista, estuve por insistir, terminantemente, la interrupción de la jugada, fue entonces cuando algunas frases que escuché a los que nos rodeaban y una exclamación desesperada que profirió Glendinning, me hicieron comprender que lo había llevado a la ruina, en circunstancias que llevaban a merecer la compasión de todos, tanto, que lo habrían protegido hasta de los ataques de un demonio.

Decir cuál hubiera sido mi conducta en ese momento es difícil. La lamentable condición de mi adversario creaba una atmósfera de vergüenza melancólica; y por momentos, se mantuvo un silencio profundo, durante el cual no podía sino sentir que las mejillas se me estremecían ante las hirientes miradas de desprecio que lanzaban sobre mí los menos pervertidos de la compañía. Aceptaré incluso, que la inaguantable inquietud de mi seno se alivió por un instante ante la extraordinaria y súbita interrupción que ocurrió. Las grandes y pesadas puertas del apartamento se abrieron de golpe, y de par en par, con un ímpetu tan enérgico que extinguió, como por encanto, todas las velas de la sala. La luz agonizante sólo nos permitió ver que había entrado un desconocido, un hombre de mi altura, completamente embozado en una capa. La oscuridad, sin embargo, se hizo total, y solamente podíamos *sentir* que él permanecía entre nosotros. Y antes de que cualquiera se pudiera recuperar del asombro que esta descortesía nos había producido, oímos la voz del entrometido.

"Caballeros", dijo, en voz baja, con un *susurro* inolvidable que me estremeció hasta la misma médula de los huesos, "Caballeros, no tengo disculpa para este comportamiento, sólo les digo que al actuar así no hago sino cumplir un deber. Ustedes, sin duda, no están informados acerca de cierto carácter de la persona que esta noche ha ganado una suma grande de dinero a lord Glendinning en el *encarté*. Y por tanto propondré una manera tan expedita y concluyente de obtener información muy necesaria al respecto. Por favor examinen, a su gusto, los forros de la bocamanga izquierda, y los varios paquetes que pueden encontrarse en los bolsillos de su bata bordada."

Mientras hablaba, tan profundo era el silencio de los otros, que podría haberse escuchado un alfiler caer sobre el piso. Al terminar partió de inmediato y tan abruptamente como había entrado. ¿Puedo describir… compartiré mis sensaciones? ¿Debo decir que sentí todos los horrores del condenado? Poco tiempo tuve sin duda para reflexionar. Al instante, las manos me sujetaron con rudeza, mientras se traían nuevas luces. Lo que buscaban, lo hallaron pronto. En el forro de mi manga se encontraron todas las figuras del *encarté* y, en los bolsillos de mi bata, varios mazos de cartas idénticos a los empleados, con la excepción de que las mías eran de las llamadas, técnicamente, *arrondées*; las ganadoras ligeramente convexas en sus extremidades y las cartas inferiores convexas a los lados. De esta forma, el incauto que reparte le dará una carta ganadora a su adversario; mientras que el tahúr dará una carta que nada cuenta en los registros del juego.

Cualquier estallido de indignación ante semejante descubrimiento me habría afectado menos que el silencioso desprecio o la sarcástica compostura, con que fue recibido.

"Señor Wilson", dijo nuestro anfitrión, inclinándose para recoger una lujosa capa de pieles raras, "esto es de su propiedad." (Hacía frío, y al salir de mis habitaciones, me había echado encima una capa sobre mi bata, quitándomela luego al llegar el momento del juego.) "Presumo inútil buscar aquí (contemplando los dobleces del abrigo con una sonrisa amarga). Desde luego, tenemos suficientes pruebas de su habilidad. Usted tendrá la reserva, espero, de abandonar Oxford y, por supuesto, de abandonar inmediatamente mi habitación."

Rebajado, humillado al máximo como estaba entonces, es probable que hubiera debido responder a tan amargo lenguaje con un arrebato de violencia; lo habría hecho incluso, si mi atención no estuviera tan completamente concentrada en un detalle por completo extraordinario. La capa que vestía era de un conjunto de pieles raras, costosa en extremo; no hablaré de su corte, que era un diseño mío, pues yo era de un refinamiento absurdo, en materia de naturaleza tan frívola. Por eso, cuando Preston me alcanzó la que había levantado del piso, cerca de las puertas plegables del apartamento, vi con gran asombro que yo tenía la propia colgada del brazo (donde la había dejado inconscientemente), y que la que me ofrecía era su contraparte exacta en cada detalle. El personaje que tan trágicamente me había expuesto, estaba envuelto, recordé, en una capa; y a excepción mía, ninguno de los invitados llevaba capa esa noche. Así que, con lo que me quedaba de ánimo, tomé la que me ofrecía Preston y la puse sobre la mía sin que nadie lo notara; salí con un aire de desafío de la habitación, y al día siguiente, antes del amanecer, comencé un viaje apresurado al continente, en una perfecta agonía de horror y de vergüenza.

Huí en vano. Mi perverso destino me persiguió exultante y probó, desde luego, que su misterioso dominio sólo había comenzado. Apenas puse pie en París, tuve evidencia fresca del execrable interés que este Wilson tomó en mis asuntos. Los años pasaron, sin que pudiera hallar alivio. ¡Miserable! ¡En Roma, con qué inoportuna, con qué oficiosidad fantasmal se interpuso entre mí y mis ambiciones! ¡En Viena, en Berlín y en Moscú! ¿Dónde, en verdad, no había de maldecirlo de todo corazón? Huía de aquella inescrutable tiranía, como de una peste; huí hasta los confines mismos de la tierra. *Y en vano.*

Y nuevamente, una y otra vez, en la más secreta intimidad de mi espíritu, me repetí las preguntas: ¿Quién es? ¿De dónde vino? ¿Cuáles son sus propósitos? Pero no encontré ninguna respuesta. Y entonces escudriñé, con un escrutinio minucioso, las formas, los métodos y las características principales de aquella impertinente supervisión. Pero incluso así, había muy poca evidencia sobre la cual basar una conjetura. Era perceptible, sin embargo, que en las múltiples instancias en que se había cruzado en mi trayectoria, lo había hecho sólo para malograr actos o frustrar planes que, de llevarse a cabo, hubieran resultado en una amarga maldad. ¡Pobre justificación, en verdad, para una autoridad tan imperiosamente asumida! ¡Pobre compensación para los derechos de mi libre albedrío tan insultantemente estorbado!

Me había visto obligado a notar asimismo que, en ese largo periodo (durante el cual continuó con el capricho de mostrarse vestido exactamente como yo, lográndolo con milagrosa habilidad), se las ingenió para que, al ejecutar su variada interferencia a mi voluntad, yo no viera jamás las facciones de su rostro. Cualquiera que fuera Wilson, *esto*, por lo menos, era el colmo de la insensatez. ¿Puede haber, por un instante siquiera, supuesto que en mi amonestador en Eton, en el destructor de mi honor en Oxford, en el que impidió mi ambición en Roma, mi venganza en París, mi amor apasionado en Nápoles o lo que él falsamente llamó mi avaricia en Egipto, que en él, mi archienemigo y genio maligno, dejaría yo de reconocer al William Wilson de mis días de escuela: el tocayo, el compañero, el rival, el rival odiado y temido en el instituto del doctor Bransby? ¡Imposible! Pero déjenme llegar a la última escena del drama.

Hasta aquí, yo había sucumbido por entero a tan imperiosa dominación. El profundo temor con el que habitualmente observaba el carácter elevado, la sapiencia majestuosa, la evidente omnipresencia y omnipotencia de Wilson, sumada al terror que me inspiraban ciertos rasgos en su naturaleza y las suposiciones que inspiraban, había llegado a convencerme de mi completa debilidad y desamparo, sugiriéndome una implícita, aunque amargamente resistida sumisión a su arbitraria voluntad. Pero, en los últimos tiempos, acabé entregándome por completo a la bebida, y su enloquecida influencia sobre mi temperamento hereditario me hizo impacientarme más y más frente a ese control. Comencé a murmurar, a dudar, a resistir. ¿Y era sólo imaginación lo que me hacía creer que, con el aumento de mi firmeza, la de mi atormentador experimentaba una disminución proporcional? Sea como fuere, una ardiente esperanza comenzó, y nutrió a mis pensamientos más oscuros de una adusta y desesperada resolución. No me sometería por más tiempo a esa esclavitud.

Fue en Roma, durante el carnaval de 18…, en una mascarada ofrecida en el *palazzo* del duque napolitano Di Broglio. Yo me había entregado con mayor libertad que la usual a los excesos del vino, y ahora, la sofocante atmósfera de los atestados salones me irritó sobremanera. La dificultad creció conforme intenté abrirme paso en el laberinto de los invitados y esto me malhumoró aún más, pues deseaba con ansiedad (no diré con qué móvil indigno) a la joven, alegre y bellísima esposa del anciano y caduco Di Broglio. Con una confianza desprovista por completo de escrúpulos, me había dicho cuál sería el disfraz que portaría aquella noche, y ahora, al haberla vislumbrado, trataba de llegar a su lado. Fue en ese momento que sentí una mano que se posaba ligera sobre mi hombro, y otra vez, escuché al oído ese maldito *susurro*.

En un frenesí de rabia, me volví sobre aquél que acababa de interrumpirme, y lo sostuve por el cuello. El se vistió, tal y como esperaba, con un disfraz igual al mío; portaba una capa española de terciopelo azul, un cinturón carmesí sobre la cintura del que pendía una espada, y una máscara de seda negra que cubría su rostro por entero.

"¡Miserable!", dije, con una voz ronca de rabia, y cada sílaba que decía era como combustible para esa rabia. "¡Miserable impostor! ¡Maldito! ¡No me acosarás hasta la muerte! ¡Sígueme o te atravieso aquí mismo!"

Me lancé fuera de la sala de baile, en dirección a una antecámara contigua, arrastrándolo sin resistencia a mi lado.

Cuando estuvimos ahí, lo arrojé con furia. Se tambaleó contra la pared, mientras yo cerraba la puerta con un juramento, y le ordenaba ponerse en guardia. Lo dudó apenas un instante y entonces, con un suspiro ligero y sin decir palabra, se aprestó a defenderse.

El duelo fue breve, por supuesto. Yo estaba frenético de una excitación salvaje, y mi brazo estaba lleno con la energía y el poder de una multitud. En unos segundos, lo acorralé con una fortaleza diáfana, y así, teniéndolo a mi merced, le hundí la espada repetidas veces, con una ferocidad brutal.

En aquel instante alguien trató de girar el picaporte de la puerta. Me apresuré a impedir una intrusión, y volví de inmediato a mi antagonista agonizante. ¿Pero qué idioma humano es capaz de retratar adecuadamente *esa* estupefacción, ese horror que me poseyó ante el espectáculo que me esperaba? Ese breve momento en el que desvié mis ojos fue suficiente para producir, aparentemente, un cambio material en la disposición de aquel ángulo del aposento. Un espejo enorme apareció ante mí donde antes no había nada; y, conforme avancé hacia él, en el colmo del horror, mi propia imagen, pero con aspecto pálido y cubierta de sangre, vino hacia mí con una marcha endeble y tambaleante.

Así me pareció, lo repito, pero no era yo sino mi antagonista, era Wilson, quien se erguía ante mí en la agonía. Su máscara y la capa yacían en el suelo, donde él los había dejado. No había un solo hilo en su ropa ni una línea en sus facciones que no fueran *las mías*, que no coincidieran en la más absoluta identidad.

Era Wilson. Es sólo que ya no hablaba en un susurro, y hubiera creído que era yo mismo el que hablaba, cuando dijo:

"Has vencido, y me rindo. Aun cuando de aquí en adelante también tú estarás muerto… ¡Muerto para el mundo, para el cielo y la esperanza! En mí existías… y, al darme muerte, ve en esta imagen, que es la tuya, cómo te has asesinado a ti mismo."

EL GATO NEGRO

No espero, ni pido que alguien crea el extraño aunque familiar relato que voy a contar. Desde luego debería estar loco para esperarlo, en un caso donde mis sentidos rechazan su propia evidencia. Sin embargo no estoy loco... y desde luego que no estoy soñando. Pero mañana voy a morir, y quisiera hoy aliviar mi alma. Mi propósito inmediato es simplemente poner ante el mundo, sucintamente y sin comentarios, una serie de sucesos familiares. Debido a sus consecuencias, estos sucesos me han aterrorizado, me han torturado y al final me han destruido. Con todo, no trataré de aclararlos. Para mí, sólo han presentado horror, a muchos les parecerán menos terribles que grotescos. Quizá más adelante surja alguien cuya inteligencia pueda reducir mis fantasmas a lugares comunes, una inteligencia más serena, más lógica y menos excitable que la mía, que percibirá, en las circunstancias que relato detalladamente con pavor, nada más que una sucesión ordinaria de naturales causas y efectos.

Desde mi infancia sobresalí por la docilidad y la humanidad de carácter. La ternura de mi corazón se distinguía de tal modo que me convertí en la burla de mis compañeros. Era especialmente cariñoso con los animales, y mis padres me concedían que poseyera una gran variedad de ellos. Con ellos pasaba la mayoría de mi tiempo, y nunca era tan feliz como cuando los alimentaba y los acariciaba. Este peculiar rasgo de mi carácter creció junto conmigo, y en mi madurez, se convirtió en una de mis fuentes principales de placer. A aquellos que han sentido afecto por un perro fiel y sagaz, no necesito explicarles la naturaleza o la intensidad de la gratificación que recibía de ello. Hay algo en el desinteresado y abnegado amor de un animal, que va directamente al corazón de quien ha tenido ocasión de probar la falsa amistad y la frágil fidelidad de un hombre.

Yo me casé joven, y fui feliz al encontrar en mi esposa una disposición semejante a la mía. Al observar mi inclinación hacia los animales domésticos, no perdía oportunidad de procurarme las especies más agradables. Tuvimos pájaros, peces dorados, un perro fino, conejos, un mono pequeño y un gato.

Este último era un animal notablemente grande y hermoso, completamente negro y sagaz a un grado asombroso. Respecto a su inteligencia, mi esposa, quien en el fondo de su corazón era más bien supersticiosa, hacía alusión frecuente a la creencia popular antigua de que todos los gatos negros son brujas disfrazadas. No era que ella se tomara nunca este punto en serio y lo menciono sin razón especial, sólo porque acabo de recordarlo.

Plutón —ese era el nombre del gato— era mi compañero de juegos y animal favorito. Sólo yo lo alimentaba, y él me seguía por todas partes en casa. Era realmente difícil que yo lograra impedir que me siguiera por las calles.

Nuestra amistad duró, de esta manera, varios años, durante los cuales mi carácter y temperamento general (me ruborizo al confesarlo), por obra del demonio de la intemperancia, experimentó una alteración radical cada vez peor. Me volví, día con día, cada vez más melancólico, más irritable, más desconsiderado con los sentimientos de los demás. Llegué incluso a hablar brutalmente a mi mujer y terminé por injuriarla con violencias personales. Mis animales, por supuesto, sufrieron también el cambio de mi carácter. Yo no solamente los descuidé, incluso llegué a maltratarlos. Para *Plutón*, sin embargo, aún guardaba estima suficiente para impedirme maltratarlo, pero maltraté sin escrúpulos a los conejos, al mono y aún al perro, cuando por casualidad o por afecto se cruzaban en mi camino. Pero mi enfermedad creció —porque, ¡qué enfermedad es comparable al alcohol!— y a la larga el mismo *Plutón*, quien ahora estaba viejo y consecuentemente algo irritable, también comenzó a experimentar los efectos de mi mal humor.

Una noche, al volver a casa, completamente borracho, de una de mis correrías por la ciudad, me pareció que el gato evitaba mi presencia. Lo alcé en brazos pero, asustado por mi violencia, me mordió ligeramente la mano. La furia de un demonio me poseyó instantáneamente y no supe lo que hacía. Mi alma anterior pareció que volaba, abandonando mi cuerpo y una maldad más que diabólica, alimentada por la ginebra, estremeció cada fibra de mi ser. Sacando del bolsillo del chaleco un cortaplumas, tomé a la pobre bestia por la garganta ¡y deliberadamente hice saltar uno de sus ojos! Yo me ruborizo, me quemo y tiemblo mientras escribo esta reprobable atrocidad.

Cuando la razón volvió con la mañana, cuando hube disipado con el sueño los vapores de la noche, experimenté un sentimiento que era mitad horror y mitad remordimiento por el crimen del que era culpable; pero era, tal vez, un sentimiento endeble y equívoco, y el alma permaneció inalterable. Nuevamente me zambullí en el exceso, y pronto se ahogó en el vino todo recuerdo del acto.

Entretanto el gato se recuperó lentamente. La órbita del ojo perdido presentaba, es cierto, un aspecto espantoso, pero él no parecía sufrir ningún dolor. Andaba por la casa como de costumbre aunque, como era de esperarse, huía aterrorizado al verme. Aún me quedaba lo bastante de mi anterior manera de ser, para sentirme afligido por esta aversión evidente por parte de una criatura que una vez me había amado tanto. Pero este sentimiento pronto dio lugar a la irritación. Y entonces vino, para mi caída final e irrevocable, el espíritu de la PERVERSIDAD. De éste, la filosofía no hace mención. Y sin embargo tan seguro estoy de que mi alma existe, como de que la perversidad es uno de los impulsos primitivos del corazón humano…, una de las facultades o sentimientos primarios indivisibles, que dan dirección al carácter de un hombre.

¿Quién no se ha encontrado a sí mismo, un ciento de veces, cometiendo una tontería o una acción malvada, por la simple razón de que *no debía* realizarla? ¿No hay en nosotros una inclinación perpetua, no obstante la excelencia de nuestro juicio, a transgredir lo que constituye *la Ley*, sencillamente porque lo es? Este espíritu de perversidad, repito, fue la causa de mi caída completa. Ese deseo insondable del alma de *vejarse a sí misma*, de violentar su propia naturaleza, de hacer mal por amor al mal, era lo que me impulsaba para continuar y finalmente consumar el suplicio al que había condenado a la pobre bestia. Una mañana, con total sangre fría, le pasé un lazo por el pescuezo y lo colgué en la rama de un árbol; lo ahorqué con los ojos arrasados en lágrimas y con el remordimiento más amargo en mi corazón; lo ahorqué porque *sabía* que me había amado, y porque *estaba seguro* que no me había dado motivo alguno; lo ahorqué porque sabía que, al hacerlo, cometía un pecado… un pecado mortal que comprometería mi alma inmortal hasta el punto de colocarla —si tal cosa era posible— más allá del alcance de la infinita misericordia del Dios más misericordioso y más terrible.

En la noche del día en que este terrible acto fue ejecutado, desperté de mi sueño por los gritos de: "¡Incendio!" Las cortinas de mi lecho estaban en llamas. Toda la casa ardía. Fue con gran dificultad que mi esposa, un sirviente y yo, logramos escapar de la conflagración. La destrucción fue completa. Mis bienes terrenales se perdieron y desde ese momento me entregué a la desesperación.

No incurriré en el error de establecer una sucesión de causa y efecto, entre el desastre y la atrocidad. Sólo detallo una cadena de hechos, y no quiero que falte ningún eslabón. Al día siguiente del incendio, visité las ruinas. Todas las paredes, con excepción de una, habían caído. Esta excepción era una pared divisoria interior, no muy gruesa, que se erguía en medio de la casa, y contra la que se había apoyado la cabecera de mi lecho. El revoque aquí había resistido, en gran medida, la acción del fuego, hecho que yo atribuí a su reciente renovación. Sobre esta pared una muchedumbre se agolpaba, y muchas personas parecían estar examinando una porción con avidez y atención particular. Las palabras "¡extraño!", "¡singular!" y otras expresiones similares, excitaron mi curiosidad. Yo me acerqué y vi, como un bajorrelieve en la superficie blanca, la figura de un gato gigantesco. La impresión se había hecho con una exactitud verdaderamente maravillosa. Había una soga alrededor del pescuezo del animal.

Al principio, cuando distinguí esta aparición —pues apenas puedo llamarla de otra forma— mi asombro y mi terror fueron enormes. Pero al final la reflexión vino en mi ayuda. El gato, recordé, había sido colgado en un jardín adyacente a la casa. Ante la alarma de incendio, el jardín se había llenado inmediatamente por la muchedumbre, y el animal debe haber sido arrancado del árbol y tirado, por una ventana abierta, en mi habitación. Esto probablemente se había hecho con la idea de despertarme. La caída de otras paredes había comprimido a la víctima de mi crueldad en el yeso fresco, recientemente aplicado; la cal del muro, junto con las llamas y el amoniaco del cadáver, grabaron la imagen tal como la veía entonces.

Mediante este argumento logré satisfacer fácilmente a mi razón, aunque no enteramente a mi conciencia, porque el sorprendente suceso que acabo de relatar, dejó una impresión profunda sobre mi imaginación. Durante meses no podía librarme del fantasma del gato y, en este periodo, envolvió a medias mi espíritu un sentimiento que parecía, sin serlo, de remordimiento. Fui tan lejos en mi lamento ante la pérdida del animal, que llegué a buscar entre los viles tugurios que ahora frecuentaba habitualmente, otro animal de la misma especie y de aspecto algo similar, para reemplazarlo.

Una noche en que me hallaba sentado, medio aturdido, en una taberna más que infame, mi atención se vio atraída repentinamente por un objeto negro, que reposaba sobre la cabeza de uno de esos toneles inmensos de ginebra o de ron, que constituyen el principal mobiliario de estos establecimientos. Había estado mirando constantemente aquel tonel, y me sorprendió el hecho de no haber percibido antes la mancha negra en lo alto. Me acerqué, tocándolo con la mano. Era un gato negro —uno muy grande— tan grande como *Plutón* y muy parecido a él, excepto por una cosa. *Plutón* no tenía un solo pelo blanco en el cuerpo; pero este gato tenía una grande, aunque indefinida mancha blanca, cubriendo casi la región entera de su pecho.

En cuanto lo acaricié, inmediatamente se levantó, ronroneando con fuerza, se frotaba contra mi mano y parecía encantado por mi atención. Este, entonces, era el animal que buscaba. De inmediato quise comprarlo al dueño de la taberna, pero este dijo que el animal no era suyo, y que nunca antes lo había visto.

Continué acariciándolo y, cuando me disponía a volver a casa, el animal se mostró dispuesto a acompañarme. Yo le permití hacerlo, deteniéndome ocasionalmente para agacharme a acariciarlo. Cuando nos encontramos en casa, se domesticó de inmediato, y llegó a ser inmediatamente el favorito de mi esposa.

Por mi parte, pronto empecé a sentir una aversión que nacía dentro de mí hacia aquel animal. Era exactamente al revés de lo que yo había anticipado; pero ––sin que pueda decir cómo ni por qué— su evidente afecto por mí, más bien me disgustaba y me molestaba. Gradualmente, este sentimiento de asco y molestia se convirtió en un amargo odio. Evitaba a la criatura; un sentimiento de vergüenza y el recuerdo de mi anterior crueldad, me impedían maltratarlo. Yo, por algunas semanas, no lo golpeé, ni utilicé en ninguna de sus manifestaciones la violencia en su contra; pero gradualmente —muy gradualmente— llegué a mirarlo con inexpresable odio, y a huir silenciosamente de su odiosa presencia, como del hálito de la peste.

Lo que acrecentó, sin duda alguna, mi odio hacia la bestia, fue el descubrimiento, a la mañana siguiente de que lo llevé a mi hogar, de que, como *Plutón*, también se encontraba privado de uno de sus ojos. Esta circunstancia, sin embargo, fue la que lo hizo más grato a mi esposa, quien, como ya he dicho, poseía, en alto grado, esos sentimientos de humanidad que alguna vez habían sido mi rasgo distintivo y la fuente de muchos de mis placeres más simples y más puros.

A pesar de todo, el cariño de este gato parecía aumentar conforme aumentaba mi aversión hacia él. Seguía mis pasos con una persistencia que sería difícil describir para comprensión del lector. Cuando yo me sentaba, se acurrucaba bajo mi silla o brincaba sobre mis rodillas, cubriéndome con sus repugnantes caricias. Si me levantaba para caminar, se metía entre mis piernas y casi me tiraba al suelo, o asegurando sus largas y afiladas garras en mi ropa, trepaba de esta manera hasta mi pecho. En tales ocasiones, aunque hubiera deseado aniquilarlo de un solo golpe, me detenía, en parte por el horroroso recuerdo de mi crimen anterior, pero principalmente —quiero confesarlo ahora mismo— por el absoluto *terror* que me causaba la bestia.

Este temor no era exactamente un temor a un mal físico, pero me sería muy difícil definirlo de otro modo. Me siento casi avergonzado de reconocer —sí, aún en esta celda para criminales, yo estoy casi avergonzado por reconocer que el miedo, el horror que el animal me inspiraba, había sido aumentado por una de las mayores fantasías que sería posible concebir—. Mi esposa había llamado mi atención, más de una vez, ante la forma de la mancha de pelo blanco de la que ya he hablado, y que constituía la única diferencia visible entre el extraño animal y el que yo había destruido. El lector recordará que esta marca, aunque grande, me había parecido originalmente indefinida, pero, gradualmente —de manera tan imperceptible que mi razón se esforzó largo tiempo por rechazar la idea por considerarla fantástica— la mancha había llegado a adquirir una rigurosa precisión en su contorno. Era ahora la representación de un objeto que me hace temblar al nombrarlo y por ello, sobre todo, detestaba, temía, y me habría librado del monstruo *si me hubiera atrevido*, la mancha era ahora, digo, la imagen horrenda —una cosa atroz y siniestra—, ¡la imagen del PATÍBULO! ¡Oh, sombría y terrible máquina de horror y de crimen… de agonía y muerte!

Y heme aquí convertido en un miserable, más allá de todas las miserias humanas. ¡Pensar que una *bestia* inmunda, cuyo semejante había yo destruido desdeñosamente, una *bestia* inmunda era capaz de producir en mí, —en mí, un hombre creado a la imagen de Dios—, tan insoportable angustia! ¡Ay! ¡Desde entonces no volví a tener reposo, ni de día ni de noche! Durante el día, la criatura no me dejaba ni un momento solo y, por las noches, me despertaba a cada momento, de los más horrorosos sueños, para encontrar el aliento ardiente de *la cosa* sobre mi cara, y su peso enorme —pesadilla encarnada que no me podía sacudir— apoyado eternamente sobre *mi corazón*.

Bajo la presión de tales tormentos, lo poco de bueno que quedaba dentro de mí sucumbió. Los pensamientos más perversos llegaron a ser mi lenguaje íntimo, los más oscuros y los más perversos pensamientos. La tristeza de mi carácter habitual aumentó al punto de odiar todas las cosas y a toda la humanidad. No obstante mi pobre esposa no se quejaba nunca. ¡Ay!, ella era la más usual y la más paciente de mis víctimas, el blanco de mis súbitos y frecuentes arranques de una furia a la que ahora ciegamente me hallaba abandonado.

Un día ella me acompañó, para algún quehacer doméstico, al sótano del viejo edificio que nuestra pobreza nos obligó a habitar. El gato me siguió mientras bajaba las empinadas escaleras y, como estuviera a punto de tirarme, me enfurecí al punto de la locura. Levanté un hacha, y olvidando, en mi cólera, el temor pueril que había detenido hasta entonces mi mano, lancé un golpe al animal que, por supuesto, hubiera muerto instantáneamente de haberlo alcanzado. Pero este golpe fue detenido por la mano de mi esposa. Entonces, llevado por la interferencia, lleno de una saña más que demoníaca, zafé mi brazo de su asimiento y enterré el hacha en su cráneo. Ella cayó muerta sobre el suelo, sin un gemido.

Consumado este horrendo asesinato, me entregué inmediatamente y con total deliberación a la tarea de esconder el cuerpo. Sabía que no podría sacarlo de la casa, de día o de noche, sin el riesgo de ser descubierto por los vecinos. Numerosos proyectos cruzaron por mi mente. En un momento se me ocurrió cortar el cadáver en pequeños fragmentos, y destruirlos por medio de un incendio. En otro, resolví excavar una tumba en el piso del sótano. Pensé más tarde en lanzar el cuerpo al pozo del jardín; o meterlo en una caja, como si se tratara de mercancía, hacer los arreglos usuales, y conseguir un manadero que lo sacara de la casa. Finalmente di con la que parecía ser la mejor solución de todas. Resolví emparedarla en el sótano, como se dice que los monjes de la Edad Media emparedaban a sus víctimas.

Para un propósito como éste el sótano se adaptaba bien. Sus paredes estaban construidas muy a la ligera, y recientemente se habían revocado con un mortero ordinario, que la humedad de la atmósfera había impedido endurecer. Además, en una de las paredes había un hueco, formado por una falsa chimenea, la cual había sido rellenada y tratada como el resto del sótano. No tuve ninguna duda de que podría desplazar fácilmente el cuerpo a este punto, meter el cadáver y tapiar el hueco como antes, de manera que ninguna mirada pudiera detectar nada sospechoso.

Y no me engañé en este cálculo. Por medio de una palanca pude sacar fácilmente los ladrillos y, después de haber depositado cuidadosamente el cuerpo contra la pared interior, lo apuntalé en esa posición, mientras, sin problemas, coloqué de nuevo la estructura entera como estaba originalmente. Después de procurarme mortero, arena y cerda, preparé con toda la precaución posible un emplasto que no se distinguiría del anterior, y con éste, muy cuidadosamente, revoqué el nuevo tabique. Cuando había terminado, me sentí satisfecho de haber tenido razón. La pared no presentaba el más mínimo signo de haber sido perturbada. Recogí el escombro del suelo con el más minucioso cuidado. Miré alrededor triunfantemente, y me dije: "Aquí por lo menos, entonces, mi trabajo no ha sido en vano."

Mi próximo paso fue buscar a la bestia que había sido la causa de tanta miseria; pues había resuelto firmemente darle muerte. Si lo hubiera encontrado en ese momento, allí hubiera puesto fin a su destino; pero pareció que el sagaz animal, alarmado por la violencia de mi previo comportamiento, se cuidaba de no aparecerse ante mí, mientras durara mi estado de ánimo actual. Es imposible describir o imaginar el profundo, el dichoso alivio que la ausencia de la detestada criatura ocasionó en mi pecho. No apareció durante la noche, y así, por primera vez desde que llegara a la casa, yo dormí con un sueño profundo y tranquilo; ¡sí, dormí, a pesar de tener el peso del crimen sobre mi alma!

El segundo y el tercer día pasaron, y todavía mi atormentador no apareció. Una vez más respiré como un hombre libre. ¡El monstruo, el causante de mi terror, había huido para siempre! ¡Yo no debería verle más! ¡Mi felicidad era suprema! La culpabilidad de mi acto oscuro me perturbaba muy poco. Algunas averiguaciones se habían hecho, pero pude contestar fácilmente a los interrogatorios. Incluso hubo una búsqueda en la casa, pero por supuesto nada fue descubierto. Mi tranquilidad futura me parecía asegurada.

Sobre el cuarto día del asesinato, una partida de policías vino inesperadamente a la casa, y procedió nuevamente a hacer una revisión rigurosa del lugar. Seguro, sin embargo, de que mi escondrijo era impenetrable, no sentí ninguna inquietud. Los funcionarios me obligaron a que los acompañara en su búsqueda. No dejaron ni un rincón por explorar. Al final, por tercera o cuarta vez, descendieron al sótano. No temblé ni un poco. Mi corazón latía serenamente como el de alguien que permanece en la inocencia. Recorrí el sótano del principio al fin. Al final crucé los brazos sobre mi pecho, y vagabundeé fácilmente de aquí para allá. Los policías se encontraban completamente satisfechos y dispuestos a partir. El gozo de mi corazón era demasiado fuerte para ser ocultado. Me quemaba el deseo de decir una palabra al menos, a manera de triunfo, y para hacer completamente segura mi inocencia

—Caballeros —dije al fin, cuando el grupo subía las escaleras—, me alegra haber aliviado sus sospechas. Les deseo toda la salud, y un poco más de cortesía. Dicho sea de paso, caballeros, esta es una casa muy bien construida... (En mi frenético deseo por decir algo con naturalidad, apenas me daba cuenta de mis palabras). Repito que es una casa *excelentemente bien construida*. Estas paredes... ¿ya se van ustedes, caballeros?... estas paredes poseen una gran solidez.

Y entonces, llevado por un mero deseo de alardear, golpeé fuertemente, con el bastón que llevaba en mi mano, sobre la misma porción del enladrillado, tras de la cual se hallaba la esposa de mi corazón.

¡Que el poder de Dios me escude y me libre de las garras del demonio supremo! Apenas había cesado el eco de mis golpes... ¡cuando una voz respondió desde dentro de la tumba! Un quejido sordo y entrecortado al principio, que luego rompió como el sollozo de un niño, y entonces creció rápidamente hasta convertirse en un grito largo, fuerte y continuo, totalmente anormal e inhumano, un aullido, un gemido mitad de horror y mitad de triunfo, como sólo podría haber provenido del infierno, de las gargantas de los condenados en su agonía y de los demonios exultantes regocijándose de sus padecimientos.

Hablar de lo que en ese momento pensé, sería locura. Sentí desvanecerme, me acerqué tambaleante a la pared opuesta. Durante un instante el grupo en las escaleras permaneció inmóvil por el terror. Luego, una docena de recios brazos golpearon la pared que cayó de una pieza. El cadáver, ya muy corrompido y manchado de sangre coagulada, se alzó ante los ojos de los espectadores. Sobre su cabeza, con la boca abierta roja y el único ojo como de fuego, estaba sentada la bestia horrenda cuya astucia me había inducido al asesinato, y cuya voz delatora me había entregado al verdugo...

¡Había emparedado al monstruo en la tumba!

LOS HECHOS EN EL CASO
DEL SEÑOR VALDEMAR

Por supuesto no pretenderé considerar como algo sorpresivo, el hecho de que el extraordinario caso del señor Valdemar haya provocado la controversia. Habría sido un milagro pero no fue así... especialmente bajo tales circunstancias. Pese al deseo de todas las partes concernientes de ocultar el asunto al dominio público, al menos por el momento, o hasta que tuviéramos mejores oportunidades para su investigación... Pese a nuestros empeños por realizarlo... un mutilado o exagerado recuento se abrió camino en la sociedad, y llegó a ser la fuente de muchas y desagradables tergiversaciones y, como es natural, de un gran problema de incredulidad.

Es ahora necesario rendir informe de *los hechos*... tanto como yo puedo comprenderlos. Sucintamente son éstos:

Mi atención, en los últimos tres años, había sido atraída de manera reiterada por el tema del hipnotismo, y hace cosa de nueve meses se me ocurrió, muy de repente, que en la serie de experimentaciones realizadas existía una notable y muy inexplicable omisión: ninguna persona había sido hasta ahora hipnotizada *in articulo mortis*. Estaba por verse, primero, si en tal condición existía en el paciente alguna susceptibilidad a la influencia magnética; segundo, si, de haber existido, el efecto era disminuido o aumentado por esta condición; tercero, a qué punto, o por qué periodo de tiempo, los avances de la muerte podrían ser detenidos por el proceso. Estaban otros puntos por comprobarse, pero aquéllos eran los que más excitaban mi curiosidad… el último en especial, por la inmensa importancia de la naturaleza de sus consecuencias.

Mirando a mi alrededor en busca de un sujeto propicio en quien pudiera probar estos particulares, recordé a mi amigo el señor Ernest Valdemar, el bien conocido recopilador de la *Bibliotheca Forensica*, y autor (bajo el seudónimo de Issachar Marx) de las versiones polacas de *Wallenstein y Gargantúa*. El señor Valdemar, quien radicara sobre todo en Harlem, N.Y., desde el año de 1839, es (o era) notable en particular por la extrema esbeltez de su persona… sus extremidades inferiores en mucho se asemejaban a las de John Randolph y, además, por la blancura de sus patillas, en violento contraste con la negrura de su pelo… lo último, en consecuencia, solía por lo general confundirse con una peluca. Su temperamento estaba marcado por el nerviosismo, y lo convertía en un buen sujeto para la experimentación hipnótica. En dos o tres ocasiones lo había dormido con poca dificultad, pero se decepcionó en otras circunstancias en las que su peculiar constitución me permitió preverlo con naturalidad. Su voluntad en ningún periodo estaba positiva o completamente bajo mi control, y con respecto a la clarividencia, no podía realizar con él nada confiable. Siempre atribuí mi fracaso en estos ámbitos a los desórdenes de su salud. En meses anteriores a mi relación con él, sus médicos lo habían declarado tuberculoso crónico. Y era su costumbre, en verdad, hablar con calma de su próxima disolución, como una cosa imposible de evitase o lamentarse.

Cuando las ideas a que he aludido se me ocurrieron por vez primera, pareció por supuesto muy natural el pensar en el señor Valdemar. Conocía la firme filosofía del hombre demasiado bien como para advertir sus nulos escrúpulos; y no tenía ningún pariente en América a quien le interesara interferir. Le hablé francamente sobre el tema y, para mi sorpresa, su interés pareció excitarlo sobremanera. Digo para mi sorpresa, porque, si bien se había prestado a mis experimentos, nunca antes dio muestra alguna de simpatía hacia lo que realizaba. Su enfermedad tenía características que admitían el cálculo exacto con respecto a la época de su término mortal; y al fin acordamos que enviaría por mí cerca de veinticuatro horas antes del periodo anunciado por sus médicos como el de su deceso.

Ahora han pasado bastante más de siete meses desde que recibiera, del señor Valdemar, la siguiente nota:

ESTIMADO P...,

Puede ahora venir. D... y F... están de acuerdo en que no puedo sostenerme más allá de mañana a la medianoche; y creo que han calculado muy aproximadamente el tiempo.

Valdemar

Recibí esta nota una media hora después de ser escrita, y en quince minutos más estuve en la cámara del hombre agonizante. No lo había visto en diez días, y quedé pasmado por la horrorosa transformación que el breve intervalo creara en él. Su cara se revestía de un matiz plomizo; los ojos eran opacos en su totalidad; y su adelgazamiento tan extremo que la piel estaba rasgada por los huesos de la mejilla. Su expectoración era excesiva. El pulso apenas perceptible. Retenía, no obstante, de un modo muy notable, su poder mental y un cierto grado de fortaleza física. Habló con distinción... tomó algunas medicinas paliativas sin ayuda... y, cuando entré en la sala, estaba ocupado en escribir memorándums en un libro de bolsillo. Se recargó en la cama, sobre las almohadas. Los doctores D... y F... lo atendían.

Después de estrechar la mano de Valdemar, llevé aparte a los caballeros y obtuve de ellos un recuento minucioso de la condición del paciente. El pulmón izquierdo había estado por dieciocho meses en un estado semi-óseo o cartilaginoso y era, por supuesto, enteramente inútil para todos los propósitos de vida. El derecho, en su porción superior, estaba también en parte, si no del todo, osificado, mientras la región inferior era una mera masa de purulentos tubérculos, creciendo uno dentro de otro. Muchas y extensas perforaciones existían y, en un punto, la permanente adhesión a las costillas había tenido lugar. Estas características en el lóbulo derecho eran de fecha comparativamente reciente. La osificación avanzó con una rapidez inusitada; ningún síntoma fue descubierto un mes antes, y la adhesión sólo se observó durante los previos tres días. Independiente de la tuberculosis, el paciente era sospechoso de poseer un aneurisma en la aorta; pero sobre este punto los síntomas óseos hacían difícil un diagnóstico. Era opinión de ambos médicos que el señor Valdemar moriría a medianoche del día próximo (domingo). Eran entonces las siete de la tarde del sábado.

Al abandonar el costado de la cama del inválido para sostener conversación conmigo, los doctores D... y F... habían ofrecido su despedida final. No tenían intenciones de volver; pero, ante mi petición, acordaron visitar al paciente hacia las diez de la próxima noche.

Cuando se hubieron marchado, hablé libremente con el señor Valdemar sobre el tema de su próximo fin, así como también, de manera más particular, del experimento propuesto. Él seguía profesándose bastante dispuesto e incluso ansioso de realizarlo, y me urgió a comenzar al instante. Dos enfermeros, hombre y mujer, estaban a cargo de su atención; pero no me sentía con completa libertad para iniciar una tarea de estas características sin testigos más confiables que esta gente, en el hipotético caso que necesitara probar un súbito accidente. En lugar de eso pospuse el experimento hasta más o menos las ocho de la próxima noche, cuando la llegada de un estudiante de medicina con quien tenía alguna relación (el señor Theodore L...l,) me exonerara de un futuro más embarazoso. Mi idea era, en su origen, esperar a los médicos; pero fui inducido a proceder, primero, por el urgente ruego del señor Valdemar, y segundo, por la convicción de que no tenía un momento que perder, por su rápido y evidente hundimiento.

El señor L...l fue tan amable de acceder a mi deseo de tomar nota de todo lo ocurrido, y es de sus memorándums lo que ahora tomo para el relato, transcrito en su mayoría, o condensado o *verbatim*.

Eran cinco minutos antes de las ocho cuando, tomando la mano del paciente, le supliqué que afirmara, tan claramente como pudiera al señor L...I, si él (el señor Valdemar) estaba enteramente dispuesto a que realizara el experimento de hipnotizarlo en su actual condición.

El contestó débil, pero bastante audible:

—Sí, lo deseo. Temo que su experimento —añadió de inmediato—, se haya postergado tanto tiempo.

Mientras así hablaba, comencé los pases que ya había descubierto más efectivos para someterlo. Fue evidente la influencia con el primer movimiento lateral de mi mano sobre su frente; pero aunque utilizaba todos mis poderes, ningún efecto más elevado y perceptible se indujo hasta algunos minutos después de las diez, cuando los doctores D... y F... llamaron, de acuerdo a la cita. Les expliqué, en pocas palabras, mi idea, y como no pusieron objeción, diciendo que el paciente estaba ya en la agonía de muerte, procedí sin vacilación... intercambiando, sin embargo, los pases laterales por unos descendentes y dirigiendo mi mirada por entero al ojo derecho del sufriente.

Para este momento su pulso era imperceptible y su respiración estertórea, y a intervalos de medio minuto.

Esta condición permaneció casi inalterable durante un cuarto de hora. Al expirar este periodo, sin embargo, un natural aunque muy profundo suspiro escapó del seno del hombre agonizante, y el estertóreo respirar cesó... es decir, los estertores ya no eran evidentes; los intervalos no disminuían. Las extremidades del paciente eran de una frialdad total.

Cinco minutos antes de las once percibí inequívocas señales de la hipnótica influencia. El girar de los ojos vidriosos cambió a esa expresión de intranquilo examen interior que nunca se ve excepto en casos de sonambulismo, los cuales son bastante difíciles de confundir. Con unos rápidos pases laterales hice a los párpados temblar, como en un sueño ligero, y con unos más los cerré del todo. No estaba satisfecho, no obstante, con esto, pero continué las manipulaciones con vigor, y con el más completo esfuerzo de la voluntad, hasta que endurecí por entero las extremidades del dormido, después de ponerlas en una posición de apariencia cómoda. Las piernas estaban estiradas a todo su largo, los brazos también, y reposaban sobre la cama a una distancia moderada desde el torso. La cabeza estaba elevada con ligereza.

Cuando completé esto, era plena medianoche, y pedí a los presentes caballeros examinar la condición del señor Valdemar. Después de unos cuantos experimentos, admitieron que estaba en un inusual y perfecto estado de trance hipnótico. La curiosidad de los médicos estaba muy excitada. El doctor D... resolvió de inmediato permanecer con el paciente toda la noche, mientras el doctor F... pidió permiso para retirarse con la promesa de volver al amanecer. El señor L...l y los enfermeros se quedaron.

Dejamos al señor Valdemar en completa tranquilidad hasta las tres de la mañana, cuando me le acerqué, lo encontré en la misma y exacta condición que cuando el doctor F... se marchara... es decir, yacía en la misma posición; el pulso era imperceptible; la respiración suave (apenas distinguible, a menos que se aplicara un espejo a los labios); los ojos cerrados con naturalidad; y las extremidades tan rígidas y frías como mármol. Pese a todo, la apariencia general no era, por cierto, la de la muerte.

Al acercarme al señor Valdemar hice una suerte de semiesfuerzo para influenciar su brazo derecho en el seguimiento del mío, mientras lo pasaba suavemente de un lado a otro por encima de su cuerpo. En otras experimentaciones con este paciente nunca antes había triunfado con tanta perfección, y de seguro muy poco había pensado en lograrlo ahora; pero, para mi sorpresa, con mucha facilidad, aunque débilmente, su brazo siguió cada dirección que yo señalaba con el mío. Decidí arriesgar unas cuantas palabras de conversación.

—¿Señor Valdemar —dije—, está dormido? —no dio respuesta, pero percibí un temblor en los labios, y así fui inducido a repetir la pregunta, una y otra vez. A la tercera repetición, todo su ser fue sacudido por un estremecimiento muy tenue; los párpados se abrieron lo suficiente para mostrar la línea blanca del ojo; los labios se movieron con lentitud y de entre ellos, en un suspiro apenas audible, surgieron las palabras:

—Sí... ahora duermo. ¡No me despierten!... ¡Déjenme morir así!

Toqué las extremidades y las encontré tan rígidas como siempre. El brazo derecho, como antes, obedeció la dirección de mi mano. Pregunté al hipnotizado otra vez:

—¿Todavía siente dolor en el pecho, señor Valdemar?

La respuesta ahora fue inmediata, pero incluso menos audible que antes:

—Ningún dolor... Estoy muriendo.

No pensé que fuera aconsejable perturbarlo más justo en ese momento, y nada más se dijo o hizo hasta la llegada del doctor F..., quien vino un poco antes del alba, y expresó un desinhibido asombro al encontrar al paciente todavía vivo. Después de sentir el pulso y aplicar un espejo a los labios, me pidió que otra vez le hablara al hipnotizado. Lo hice, diciendo:

—Señor Valdemar, ¿aún sigue dormido?

Como antes, algunos minutos transcurrieron hasta que dio una respuesta; y durante el intervalo el hombre agonizante pareció estar acumulando energías para hablar. A mi cuarta repetición de la pregunta, él dijo muy débilmente, casi inaudible:

—Sí; aún duermo... muriendo.

Ahora la opinión, o mejor dicho el deseo, de los médicos era que el señor Valdemar debería quedarse sin ser molestado en su actual condición de aparente tranquilidad, hasta que la muerte sobreviniera... y esto, era un acuerdo generalizado, debería ocurrir en unos cuantos minutos. Decidí, sin embargo, hablarle una vez más, y simplemente repetí mi anterior pregunta.

Mientras hablaba, sobrevino un marcado cambio en el rostro del hipnotizado. Los ojos giraron solos y se abrieron con lentitud, las pupilas desaparecieron en su ascenso; la piel asumió un matiz cadavérico generalizado, hasta parecer no tanto un pergamino sino un papel blanco; y las héticas manchas circulares que, hasta ahora, habían estado claramente definidas en el centro de cada mejilla, *se apagaron* al instante. Uso esta expresión, porque lo repentino de su desvanecimiento trajo a mi vacía mente la comparación con una vela extinguida por un soplido. El labio superior, al mismo tiempo, se replegó sobre sí, alejándose de los dientes que antes cubriera por completo; mientras la mandíbula inferior caía con un audible tirón, dejando la boca muy abierta, y revelando la completa imagen de una hinchada y ennegrecida lengua. Asumo que ningún miembro entonces presente de la reunión estaba desacostumbrado a los horrores de un lecho de muerte; pero tan horrendo, más allá de la imaginación, era el aspecto del señor Valdemar en ese momento, que hubo un generalizado repliegue, un alejamiento del área de la cama.

Siento que ya he alcanzado un punto en esta narración en el que cada lector se sorprenderá hasta la absoluta incredulidad. Es mi tarea, sin embargo, simplemente continuar.

Ya no existía la mínima señal de vitalidad en el señor Valdemar y, pensándolo muerto, lo dejamos a cargo de los enfermeros, cuando un fuerte movimiento vibratorio fue observable en la lengua. Esto continuó por quizá un minuto. Al expirar de este periodo, surgió desde las distendidas e inmóviles mandíbulas una voz tal, que sería una locura de mi parte intentar describirla. Hay, desde luego, dos o tres epítetos que pueden ser considerados para en parte aplicarlos; podría decir, por ejemplo, que el sonido era áspero, roto y hueco; pero el horrible conjunto es indescriptible, por la simple razón de que ningún sonido similar ha crepitado jamás en el oído de la humanidad. Hubo dos particularidades, no obstante, que entonces creí y aún sigo creyendo, pudieran ser bastante verificables como características de esa entonación… como adecuadas para transmitir alguna idea de su sobrenatural peculiaridad. En primer lugar, la voz parecía alcanzar nuestros oídos… al menos los míos… desde una remota distancia o desde alguna profunda caverna en las entrañas de la tierra. En el segundo lugar, me causó la sensación (temo, en verdad, que será imposible darme a entender) que materias tales como la gelatinosa o glutinosa producen en el sentido del tacto.

He hablado del "sonido" y de la "voz". Quiero decir que el sonido era… un silabeo claro… o incluso sorprendente, emocionante en su nitidez. El señor Valdemar habló… obviamente en respuesta a la pregunta que le formulara unos minutos antes. Le había preguntado, si se recuerda, si aún seguía dormido. Él dijo:

—Sí… no… *estuve* durmiendo… y ahora… ahora… *estoy* muerto.

Ninguno de los presentes llegó a negar o intentó reprimir el inexpresable, el escalofriante horror que estas pocas palabras, así proferidas, consiguieron transmitir, cual si hubieran sido bien calculadas. El señor L…l (el estudiante) se desmayó. Los enfermeros dejaron de inmediato la cámara, y no pudieron ser inducidos a volver. No trataría de mostrar mis propias impresiones inteligibles al lector. Por casi una hora nos dedicamos, en silencio… sin expresar una palabra… a la tarea de revivir al señor L…l. Cuando volvió en sí, nos enfocamos otra vez en una investigación del estado del señor Valdemar.

Permanecía en todos los aspectos como la última vez que lo describí, con la excepción de que el espejo no aportaba más evidencias de respiración. Un intento de extraerle sangre del brazo fracasó. Debo mencionar, también, que esa extremidad ya no era susceptible a mi voluntad. En vano me empeñé en hacer que siguiera la dirección de mi mano. El único indicio real, en verdad, de la influencia hipnótica, se encontraba ahora en el movimiento vibratorio de la lengua, cada vez que dirigía al señor Valdemar una pregunta. Parecía esforzarse en contestar, pero ya no tenía suficiente voluntad. A las preguntas realizadas por cualquier otra persona que no fuera yo, parecía del todo insensible… aunque yo trataba de poner a cada miembro del grupo en armonía hipnótica con él. Creo que ya he relatado todo lo necesario para comprender el estado del hipnotizado en ese momento. Otros enfermeros fueron conseguidos; y a las diez dejé la casa en compañía de los dos médicos y el señor L...I.

En la tarde nos reunimos de nuevo para ver al paciente. Su condición permanecía idéntica. Tuvimos entonces algunas discusiones con respecto a la pertinencia y posibilidad de despertarlo; pero pocas dificultades para determinar que ningún buen propósito sería servido al realizarlo. Era evidente que, en ese instante, la muerte (o lo que de ordinario se denomina muerte) había sido atrapada por el proceso hipnótico. Nos pareció evidente que despertar al señor Valdemar sólo sería para asegurar su instantáneo, por lo menos, su rápido fallecimiento.

Desde este periodo hasta el final de la última semana... un intervalo de casi siete meses... continuamos realizando visitas diarias a la casa del señor Valdemar, acompañados, de vez en cuando, por médicos y otros amigos. Todo este tiempo el hipnotizado permaneció exactamente como por última vez lo describí. Las atenciones de los enfermeros eran continuas.

Fue el pasado viernes cuando al fin resolvimos realizar el experimento de despertarlo o intentar despertarlo; y es el (quizá) desafortunado resultado de este último experimento lo que ha levantado tanta discusión en círculos privados... tantas injustificables e increíbles emociones populares.

Con el propósito de sacar al señor Valdemar del trance hipnótico, empleé los acostumbrados pases. Estos, por un tiempo, fueron ineficientes. El primer indicio de revivificación fue aportado por un descenso parcial del iris. Se observó, como especialmente notable, que este descendimiento de la pupila era acompañado por el profuso flujo de un licor amarillento (desde abajo de los párpados) de un agrio, fuerte y repulsivo olor.

Me sugirieron que debía intentar influir en el brazo del paciente, como al principio. Hice el intento y fracasé. El doctor F... confesó entonces el deseo de que yo le hiciera una pregunta. Lo hice, de esta manera:

—Señor Valdemar, ¿puede explicarnos cuáles son sus sentimientos o deseos ahora?

Hubo un regreso instantáneo de los círculos héticos en las mejillas; la lengua tembló o mejor dicho, se enrolló con violencia en la boca (aunque las mandíbulas y los labios permanecían rígidos como antes) y al fin la misma voz horrenda que ya he descrito, emergió:

—¡Por Dios!... ¡rápido!... ¡rápido!... póngame a dormir... o, ¡rápido!... ¡despiérteme!... ¡rápido!... *¡Le digo que estoy muerto!*

Perdí los nervios por completo, y por un instante permanecí indeciso sobre qué hacer. Al principio realicé un esfuerzo por recomponer al paciente; pero fracasé en esto debido a la total ausencia de voluntad, regresé sobre mis pasos y luché con denuedo por despertarlo. En este intento pronto vi que tendría éxito... o por lo menos imaginé que pronto mi éxito sería completo... y estoy seguro de que todos en la habitación estaban listos para ver el despertar del paciente.

Para lo que realmente ocurrió, sin embargo, era casi imposible que ningún ser humano pudiera estar preparado.

Tan rápido como hice los pases hipnóticos, entre invocaciones de: "¡Muerto!, ¡muerto!", que reventaban literalmente desde la lengua y no desde los labios del sufriente, su ser íntegro en un instante... en el espacio de un solo minuto, o incluso menos, se encogió... se desmenuzó... corrompiéndose por completo bajo mis manos. Sobre la cama, ante todos los presentes, yació una masa casi líquida de repugnante... de abominable putrefacción.

EL RETRATO OVAL

El castillo en que mi criado se había aventurado a forzar la entrada, antes que permitir que yo, herido como estaba, pasara una noche al aire libre, era una de esas construcciones, mezcla de grandeza y melancolía, que durante largo tiempo han levantado sus soberbias fachadas en medio de los Apeninos, no menos ciertas en la realidad, que en la imaginación de la señora Radcliffe. Según toda apariencia, el castillo había sido abandonado hace poco, aunque temporalmente. Nos establecimos en uno de los apartamentos más pequeños y menos suntuosamente amueblados, colocado en un mirador aislado del edificio; sus decoraciones eran ricas, aunque antiguas y andrajosas. De sus paredes colgaban tapices que engalanaban numerosos trofeos heráldicos de todas clases, junto con un número extraordinariamente grande de vivaces pinturas modernas en marcos de arabescos dorados. Estas pinturas, que no solamente pendían de las paredes, sino en rincones que la arquitectura extraña del castillo hacía inevitables, despertaron en mí, quizá debido a mi delirio incipiente, un profundo interés; hice a Pedro cerrar las pesadas contraventanas de la sala —pues ya era de noche—, encender las bujías de un alto candelabro situado en mi cabecera y abrir completamente las cortinas orladas de terciopelo negro que rodeaban el lecho. Yo quise que hiciera todo esto si no para dormir, por lo menos para entregarme alternativamente a la contemplación de los cuadros, y a la lectura de un pequeño volumen que habíamos encontrado sobre la almohada, y que contenía

67

la crítica y análisis de éstos. Mucho, mucho leí y devotamente contemplé las pinturas. Rápidas y gloriosas volaron las horas, hasta que llegó la profunda medianoche. La posición del candelabro me molestaba, y extendiendo la mano con dificultad, para no molestar a mi criado que dormitaba, lo coloqué de tal modo que alumbrara directamente el libro. Pero la acción produjo un efecto enteramente inesperado. Los rayos de las numerosas velas (pues había muchas), cayeron dentro de un nicho del aposento que una de las columnas del lecho había mantenido en la más profunda sombra. Pude ver así, vívidamente, un cuadro que no había visto hasta entonces. Era el retrato de una joven que empezaba ya a ser mujer. Miré la pintura precipitadamente, y entonces cerré los ojos. ¿Por qué lo hice? No me lo pude explicar al principio. Pero mientras mis párpados permanecieron cerrados, cruzó en mi mente la razón de mi conducta. Era un movimiento impulsivo a fin de ganar tiempo para pensar, para asegurar que mi visión no me había engañado, para calmar y someter mi fantasía antes de otra mirada más serena y más segura. Un instante después miré fijamente de nuevo la pintura.

Ya no podía dudar, aún cuando lo hubiese querido, porque el primer rayo de las velas sobre el lienzo había disipado el estupor somnoliento que pesaba sobre mis sentidos, devolviéndome de inmediato a la vigilia.

Como ya he dicho, el retrato era el de una joven. Abarcaba sólo los hombros y la cabeza, pintados a la manera de lo que técnicamente se conoce como una *vignette*; muy al estilo de las cabezas favoritas de Sully. Los brazos, el seno, y hasta los extremos del cabello radiante se fundían imperceptiblemente en las vagas pero profundas sombras, que formaban el fondo del retrato. El marco era oval, ricamente dorado y afiligranado en estilo morisco. Como objeto de arte nada podría ser más admirable que aquella pintura. Pero no había sido la ejecución del trabajo, ni la belleza inmortal de aquel semblante, lo que me había conmovido tan repentina y vehementemente. Lo que no podía creer era que mi fantasía, arrancada desde el semisueño, había confundido aquella cabeza con la de una persona viva. Vi de inmediato que las peculiaridades del diseño, de la *vignette* y del marco, debían haber disipado instantáneamente tal idea, e incluso debieron impedir esa impresión momentánea. Pensando detenidamente sobre esto, permanecí, por una hora quizá, medio sentando, medio reclinando, con los ojos sobre el retrato. Al fin, satisfecho del secreto de su efecto, me dejé caer hacia atrás en el lecho. Había encontrado que el hechizo del cuadro residía en una absoluta *posibilidad de vida* en su expresión que, sorprendiéndome primero, me confundió, sometió y me pasmó finalmente. Con un pavor profundo y reverente volví el candelabro a su posición anterior. Alejada así de mi vista la causa de mi agitación profunda, busqué ansiosamente el volumen que contenía la historia de las pinturas. Hallé el número que designaba el retrato oval, y leí en él las vagas y extrañas palabras que siguen:

"Ella era una virgen de singular belleza, tan linda como alegre. Aciaga fue la hora en la que ella vio, amó y desposó al pintor. Él, apasionado, estudioso y austero, tenía ya una novia en el Arte; ella una joven de hermosura singular, y tan encantadora como alegre; toda la luz y sonrisas, y traviesa como un cervatillo; amando y apreciando todas las cosas; odiando únicamente al Arte que era su rival; temiendo solamente la paleta y el pincel y los demás instrumentos funestos que la privaban de la contemplación de su amante. Fue así algo terrible para esta dama, oír al pintor hablar de su deseo de retratarla. Pero ella era humilde y obediente, y posó mansamente durante muchas semanas en el oscuro, y alto mirador donde sólo desde lo alto la luz caía sobre la pálida tela.

"Pero él, el pintor, cifraba la gloria en su trabajo, que avanzaba hora tras hora, y día tras día. Y era un hombre apasionado, malhumorado y taciturno, que se perdía en sus ensueños; tanto que *no quería ver* cómo esa luz que caía, lívida, en la torre solitaria, marchitó la salud y el espíritu de su esposa, quien languidecía y se consumía a la vista de todos, excepto a la suya. Mas ella seguía sonriendo, sin exhalar queja alguna, porque veía que el pintor (quien tenía un alto renombre) trabajaba con un placer fervoroso y ardiente en su tarea, para retratar a aquella que tanto le amaba, la cual tornábase de día en día cada vez más débil. Y, en verdad, algunos que veían el retrato hablaban de su semejanza como de una asombrosa maravilla y una demostración, tanto del talento del pintor, como de su profundo amor por aquella a la que representaba de manera tan insuperable. Pero a la larga, conforme el trabajo se acercaba a su conclusión, el pintor no admitía a nadie en el mirador; se había exaltado de tal manera con su trabajo que apenas despegaba los ojos del lienzo incluso para mirar el rostro de su esposa. Y *no quería ver* que los tintes que esparcía sobre la tela eran extraídos de las mejillas de la que permanecía sentada a su lado. Y cuando pasaron muchas semanas y poco quedaba por hacer, apenas una pincelada sobre la boca y un matiz sobre los ojos, el espíritu de la dama osciló, como la llama dentro del tubo de la lámpara. Y entonces la pincelada se dio y el matiz se aplicó; y, por un momento, el pintor quedó como en trance ante el trabajo que había ejecutado; pero mientras aún lo estaba mirando, se puso trémulo y muy pálido, y tembló estupefacto mientras gritaba: '¡Esta es, en verdad, la *vida* misma!', y volvió repentinamente el rostro para ver a su amada… *¡Estaba muerta!*"

EL CORAZÓN DELATOR

¡Cierto!, soy muy nervioso, terriblemente nervioso, siempre lo he sido; pero, ¿por qué dicen ustedes que estoy loco? La enfermedad ha aguzado mis sentidos, no los ha destruido, ni embotado. Y entre todos el más agudo es el oído. He oído todas las cosas en el cielo y en la tierra. Y he oído muchas cosas en el infierno. ¿Cómo, entonces, he de estar loco? ¡Escuchen!, y observen con cuanta tranquilidad, con cuánta cordura puedo contarles la historia entera.

Me es imposible precisar cuándo penetró la idea por primera vez en mi mente, pero una vez que la concebí, me acosó noche y día. No perseguía ningún objetivo. Tampoco perseguía ninguna pasión. Yo quería al viejo. Él no me había insultado nunca; nunca me había agraviado; jamás codicié su oro. Me parece que era su ojo, ¡sí, era eso! El ojo de un buitre, un ojo azul pálido, cubierto con una película blanca. Cada vez que aquel ojo se posaba sobre mí, se me helaba la sangre; y así, poco a poco —muy gradualmente— surgió en mi mente la idea de acabar con la vida del viejo, y de ese modo librarme del ojo para siempre.

Ahora, éste es el punto. Ustedes me creen loco. Los locos no saben nada. Pero si hubieran podido verme. Debieran haber visto cuán sabiamente procedí… ¡Con qué cautela… con qué previsión… con qué disimulo llevé a cabo mi empresa! Nunca fui más bondadoso con el viejo que durante toda la semana antes de matarlo. Y cada noche, a medianoche, giraba el picaporte de su puerta y la abría… ¡oh, tan suavemente! Y entonces, cuando había hecho una abertura del tamaño suficiente para mi cabeza, introducía una linterna sorda, cerrada, totalmente cerrada, sin permitir que brillara un solo rayo de luz; y entonces metía la cabeza. Oh, ¡ustedes se habrían reído al ver cuán hábilmente metía la cabeza! La movía lentamente... muy, muy lentamente, para no perturbar el sueño del viejo. Me tomaba una hora entera meter la cabeza por la abertura, hasta ver al viejo sobre su lecho. ¡Ha! ¿Un loco habría sido tan prudente como yo? Y entonces, cuando mi cabeza estaba dentro, abría la linterna cuidadosamente, ¡oh, tan cuidadosamente, porque los goznes crujían! Abría la linterna con cuidado, lo suficiente para que un rayo imperceptible de luz cayera sobre el ojo de buitre. Hice esto durante siete largas noches... cada noche a las doce en punto, pero siempre encontré el ojo cerrado y eso me hacía imposible realizar mi propósito, pues no era el viejo quien me irritaba, sino su ojo maldito. Todas las mañanas, cuando amanecía, entraba resuelto en su cuarto y le hablaba descaradamente, llamándolo por su nombre en tono cariñoso, y preguntándole cómo había pasado la noche. Ya ven ustedes que él debía ser un viejo muy sagaz para sospechar que, cada noche, a las doce, yo lo espiaba mientras dormía.

Sobre la octava noche, fui más precavido que nunca al abrir la puerta. El minutero de un reloj marchaba más rápidamente que mi mano al moverse. Nunca, antes de esa noche había *sentido* el alcance de mis facultades... de mi sagacidad. Apenas podía contener mi sentimiento de triunfo. ¡Pensar que yo estaba allí abriendo la puerta, poco a poco, y él ni siquiera podía soñar mis intenciones o mis pensamientos más ocultos! Me reí entre dientes ante esa idea y quizá él me oyó, porque se movió repentinamente sobre el lecho, como si se sorprendiera. Ustedes creerán quizá que retrocedí... pero no. Su cuarto estaba tan negro como la pez, sumido en la oscuridad, porque las contraventanas estaban afianzadas mediante cerrojo, por el temor a los ladrones. Así pues, seguro de que él no podría ver la abertura de la puerta, seguí abriéndola más y más. Ya había introducido la cabeza y me disponía a abrir la linterna, cuando mi do mi pulgar resbaló sobre el cierre de estaño y el viejo se enderezó en el lecho, gritando:

—¿Quién está allí?

Permanecí completamente inmóvil y sin decir una palabra. Durante una hora entera no moví un solo músculo, y entre tanto, aunque estuve atento, no pude escuchar que volviera a acostarse. Él todavía estaba sentado en el lecho… escuchando… tal como yo he permanecido, noche tras noche, escuchando a la muerte caminar en la pared.

Entonces escuché un débil gemido, y supe que era un gemido de terror mortal. No expresaba dolor o congoja… ¡oh, no! Era el ahogado sonido que proviene del fondo del alma cuando se siente sobrecogida por el horror. Conozco bien el sonido. Muchas veces, a la medianoche, cuando todo el mundo dormía, escapó de mi propio pecho, aumentando con su eco terrible los terrores que me acosaban. Digo pues, que me era bien conocido aquel sonido. Yo sabía que el viejo estaba sufriendo, y lo compadecía, aunque me reía de él en el fondo de mi corazón. Comprendí que estaba despierto, desde el primer leve ruido, cuando se había vuelto en el lecho. El temor había ido creciendo sobre él. Trataba de justificar su miedo, trataba de pensar que aquel ruido no era nada, aunque sin conseguirlo. Se había dicho a sí mismo: "Es sólo el viento en la chimenea… es un ratón que cruza el piso, o es simplemente un grillo que chirrió una sola vez." Sí, había tratado de confortarse con estas suposiciones, pero todo era en vano. *Todo era en vano*, porque la Muerte había pasado frente a él, acechando, envolviendo a la víctima con su sombra fatídica. Y era la influencia de aquella sombra fúnebre —aunque él nada había visto ni oído—, la que lo hacía *adivinar* la presencia de mi cabeza dentro de la habitación.

Cuando hube esperado largo tiempo, muy pacientemente, sin oír que volviera a acostarse, resolví abrir una pequeña —una muy, muy pequeña— ranura en la linterna. La abrí tan suavemente, con tanta precaución —no pueden imaginarse ustedes con qué cuidado, con qué inmenso cuidado— hasta que al fin un rayo de luz, pálido y delgado como hilo de araña, brotó desde la ranura y cayó de lleno sobre el ojo de buitre.

Estaba abierto, completamente abierto… y la ira creció dentro de mí apenas lo miré. Lo vi clara y nítidamente, de un azul apagado y velado, con esa tela horrenda que me helaba hasta la médula de los huesos; mas no podía ver nada más del cuerpo o la cara del viejo, pues había orientado el haz de luz, como si el instinto me guiara, precisamente sobre el punto maldito.

¿No les he dicho ya, que lo que toman ustedes por locura no es sino una agudeza extrema de los sentidos? Pues bien, he aquí que oí un ruido bajo, un sonido rápido, torpe, como un reloj que estuviera envuelto en algodón. Aquel sonido *también* me era familiar: eran los latidos del corazón del viejo. Aquel sonido aumentó mi furia, como el redoble del tambor estimula al soldado en la lucha.

Pero, incluso entonces, me contuve. Respirando apenas, sostuve la linterna de modo que no se moviera, intentando mantener con toda la firmeza posible el rayo de luz sobre el ojo. Entretanto el retumbar infernal del corazón aumentó. Creció y se hizo más rápido, y más sonoro a cada instante. ¡El terror del viejo debe haber sido enorme! El sonido era más y más fuerte… ¡Más fuerte cada momento! ¿Me entienden ustedes bien? Ya les he dicho que soy nervioso, sí, lo soy. Y ahora, a la medianoche, entre el silencio terrible de aquella casa vieja, un ruido tan extraño como éste me llenó de un terror incontrolable. Sin embargo, durante algunos minutos me reprimí y permanecí inmóvil todavía. ¡Pero el latir era más fuerte, más fuerte! Pensé que el corazón iba a reventar. Y entonces una nueva inquietud me asaltó… ¡El sonido sería oído por un vecino! ¡La hora del viejo había llegado! Con un fuerte grito, abrí la linterna y me precipité en la habitación. Él gritó una vez… sólo una. Me bastó un instante, lo arrastré al piso, y eché la pesada cama sobre él. Entonces reí alegremente, al ver lo fácil que había resultado todo. Pero, durante algunos minutos, el corazón siguió latiendo con un sonido apagado. Esto, sin embargo, no me amedrentó, no se oiría a través de la pared. Al final cesó. El viejo estaba muerto. Quité la cama y examiné el cadáver. Sí, estaba rígido e inerte. Puse mi mano sobre el corazón y la dejé allí durante muchos minutos: ni un latido. Estaba bien muerto. El ojo no me atormentaría más.

Si todavía insisten en creerme loco, cambiarán de opinión cuando les describa las astutas precauciones que tomé para ocultar el cuerpo. La noche avanzaba y yo actué apresuradamente, pero en silencio. Ante todo desmembré el cadáver. Le corté la cabeza, los brazos y las piernas.

Entonces quité tres tablas del piso de la habitación y deposité los restos en el hueco. Volví a poner en su sitio las tablas tan hábil, tan diestramente, que ningún ojo humano —ni siquiera el suyo— hubiera detectado un solo indicio. No había nada que lavar… ni una mancha de ningún tipo… ningún rastro de sangre. Yo había sido demasiado cauto para eso. Una tina lo había recogido todo… ¡ja! ¡ja!

Cuando finalizaba estas labores, el reloj marcaba las cuatro; estaba tan oscuro como a medianoche. Aún no se había extinguido el ruido de las campanadas, cuando alguien llamó a la puerta de la calle. Fui abajo para abrir con el corazón liviano… pues, ¿por qué había de temer *ahora?* Encontré a tres caballeros, que se presentaron muy amablemente como agentes de la policía. Un alarido había sido escuchado por un vecino durante la noche, despertando la sospecha de algún atentado; para prevenir alguna desgracia había llamado a la oficina de la policía, y de allí los habían comisionado para registrar el lugar.

Yo sonreí, pues… ¿qué tenía que temer? Di la bienvenida a los caballeros. El alarido, les expliqué, lo había dado yo en sueños. El viejo, añadí, estaba de viaje. Llevé a los visitantes por toda la casa. Les dije que buscaran, que buscaran *bien.* Los conduje, al final, a su recámara. Les mostré sus tesoros, seguros, intocados. Era tal mi confianza, que traje sillas a la habitación, y los insté a que descansaran *allí,* mientras yo, en la audacia de mi perfecto triunfo, puse mi asiento justo sobre el sitio bajo el que reposaba el cadáver de la víctima.

Los funcionarios estaban satisfechos. Mi tranquilidad los había convencido. Por mi parte me hallaba perfectamente cómodo. Ellos se sentaron y charlaron de cosas familiares, mientras yo les respondía animadamente. Mas, al cabo de un rato, sentí que comenzaba a ponerme pálido y deseé que se fueran. Me dolía la cabeza, y comencé a percibir un zumbido en mis oídos; pero ellos permanecían sentados, charlando. El zumbido continuaba. Hablé más alto para conseguir librarme de aquel sonido, pero continuó y ganó claridad y definición, hasta que me di cuenta de que el ruido no estaba *dentro* de mis oídos.

No había ninguna duda de que yo estaba ahora muy pálido; sin embargo hablé más fluidamente, y con una voz más fuerte. El sonido creció… ¿qué podía yo hacer? Era un sonido bajo, *un sonido rápido y torpe… como el que hace un reloj cuando está envuelto en algodones.* Yo jadeaba, tratando de recuperar el aliento… y los funcionarios aún no lo escuchaban. Hablé más rápidamente… con más vehemencia, pero el ruido iba en aumento. Me levanté y argumenté sobre naderías, en voz alta y con gesticulaciones violentas; pero el ruido crecía. ¿Por qué ellos *no se iban?* Recorrí la habitación con grandes y ruidosos pasos, como enfurecido por las observaciones que los agentes me hacían… pero el ruido iba en aumento. ¡Oh Dios! ¿Qué podía *hacer* yo? ¡Lancé espumarajos de rabia… grité… maldije! Balanceando la silla sobre la que me había sentado, raspé con ella las tablas del piso, pero el ruido prevaleció sobre todos los demás e iba en aumento. Crecía, era más fuerte. ¡Más fuerte… más fuerte! Y todavía los policías charlaban agradablemente, y sonreían. ¿Sería posible que no lo oyeran? ¡Oh, Dios Omnipotente! ¡No… no! ¡Claro que oían y que sospechaban! ¡Ellos sabían… y se burlaban de mi horror! Eso creía entonces y eso creo todavía. ¡Pero cualquier cosa hubiera sido mejor que esa agonía! ¡Cualquier cosa sería más tolerable que ese escarnio! ¡No podía soportar más tiempo esas sonrisas hipócritas! ¡Sentí que tenía que gritar o morir, y entonces… otra vez… más fuerte… más fuerte… más fuerte! *¡Más fuerte!*

—¡Basta ya de fingir, malvados! —aullé—. ¡Confieso que lo maté! ¡Quiten esos tablones! ¡Ahí... ahí! ¡Donde está latiendo su horrible corazón!

EL TONEL DE AMONTILLADO

Había soportado hasta donde me era posible los mil agravios de Fortunato, pero cuando se atrevió a insultarme, juré venganza. Ustedes, que conocen bien la naturaleza de mi alma, no pensarán que proferí amenaza alguna. *Al final*, me encontraría vengado; este punto estaba definitivamente resuelto, pero, por lo mismo que era definitivo, excluía toda idea de riesgo.

No sólo debía castigar, sino castigar impunemente. Un agravio no es reparado cuando el castigo alcanza también al reparador; y tampoco lo es si el vengador no se descubre como tal, a quien lo ha ofendido.

Debo aclarar que ni por mis acciones ni por mis palabras, di nunca a Fortunato causas para dudar de mi buena voluntad. Continué, tal como era mi costumbre, sonriente ante él, y él no percibía que mi sonrisa provenía, ahora, de la idea de su inmolación.

Un punto débil tenía este Fortunato, aunque en otros sentidos era un hombre respetable e incluso temible. Se enorgullecía de ser un *connaisseur* de vinos. Pocos italianos poseen verdaderamente la capacidad del virtuoso. La mayoría de ellos fingen un entusiasmo que se adapta al momento y la oportunidad, a fin de engañar a los *millionnaires* ingleses y austriacos. En pintura y joyas Fortunato, como sus compatriotas, era un impostor, pero en lo referente a vinos añejos era sincero. En este aspecto yo no difería de él: inteligente y experto en vendimias italianas, compraba con largueza todos los vinos que podía.

Anochecía ya, una tarde durante la que el carnaval alcanzaba una locura suprema, cuando encontré a mi amigo. Se acercó a mí con excesiva amabilidad, pues había bebido en exceso. Disfrazado de bufón, vestía un traje a rayas multicolores y llevaba en la cabeza un gorro cónico con cascabeles. Me sentí tan contento de verle, que creí que nunca terminaría de estrechar su mano.

—Mi querido Fortunato —le dije—, ¡qué suerte haberte encontrado! ¡Qué buen semblante tienes hoy! Por cierto, recibí un barril de vino que pasa por amontillado, pero tengo mis dudas.

—¡Cómo! —exclamó—. ¿Amontillado? ¿Un barril? ¡Imposible! ¡Y en pleno carnaval!

—Tengo mis dudas —respondí—, pero he sido lo bastante tonto como para pagar su precio sin consultarte antes. No logré encontrarte y tenía miedo de echar a perder un buen negocio.

—¡Amontillado!

—Tengo mis dudas.

—¡Amontillado!

—Y quiero disiparlas.

—¡Amontillado!

—Como estás ocupado, me voy a buscar a Lucresi. Si hay alguien con sentido crítico, es él. Me dirá…

—Lucresi no es capaz de distinguir entre un amontillado y un jerez.

—Y, sin embargo, algunos tontos aseguran que su talento es comparable al tuyo.

—¡Ven! ¡Vamos!

—¿Adónde?

—A tu bodega.

—No, amigo mío. No quiero aprovecharme de tu bondad. Veo que estás ocupado y Lucresi…

—No tengo nada que hacer. Vamos.

—No, amigo mío. No me preocupan tus quehaceres, veo que tienes un fuerte catarro. Las criptas son terriblemente húmedas y están cubiertas de salitre.

—Vamos de todas maneras. Este catarro no es nada. ¡Amontillado! Te has dejado engañar. En cuanto a Lucresi, ya te lo dije, no sabe distinguir entre jerez y amontillado.

Mientras decía esto, Fortunato me tomó del brazo. Yo, después de que me puse un antifaz de seda negra y me embozé en mi capa, dejé que me llevara apresuradamente a mi *palazzo*.

No encontramos sirvientes en mi morada; se habían escapado para divertirse en el carnaval. Como les había anunciado que no volvería hasta la mañana siguiente, dándoles órdenes expresas de no moverse de casa, estaba bien seguro de que estas órdenes habían bastado para que todos ellos huyeran de inmediato, apenas les diera la espalda.

Saqué dos antorchas de sus anillas y, entregando una a Fortunato, lo guié a través de varias habitaciones hasta la arcada que daba acceso a las criptas. Yo iba adelante, mientras descendíamos una larga escalera de caracol, recomendándole a mi amigo que bajara con precaución. Llegamos por fin al fondo, y pisamos juntos el húmedo suelo de las catacumbas de los Montresors.

Mi amigo caminaba tambaleándose, y al moverse tintineaban los cascabeles de su gorro.

—El tonel —dijo.

—Está más adelante —respondí—, pero mira las blancas telarañas que brillan en las paredes de estas cavernas.

Se volvió hacia mí y me miró a los ojos, con sus veladas pupilas, que destilaban el flujo de la embriaguez.

—¿Salitre? —preguntó, después de unos segundos.

—Salitre —contesté—. ¿Desde cuándo tienes esa tos?

El violento acceso de tos que tuvo, impidió a mi pobre amigo contestarme durante varios minutos.

—No es nada —dijo al fin.

—Vamos —dije con decisión—. Regresemos; tu salud es preciosa. Eres rico, respetado, admirado, querido; eres feliz como lo fui yo en un tiempo. Tu desaparición sería lamentada, cosa que no ocurriría en mi caso. Volvamos o de lo contrario, enfermarás y no quiero tener esa responsabilidad. Además está Lucresi…

—¡Basta! —dijo Fortunato—. Esta tos no es nada, no me matará. No moriré de un ataque de tos.

—En verdad que no —repuse—. No es que quiera alarmarte innecesariamente. Pero debes tomar precauciones; mira, un trago de este médoc nos protegerá de la humedad.

Entonces rompí el cuello de una botella, que había extraído de una larga fila de la misma especie, colocada en el suelo.

—Bebe —dije, presentándole el vino.

Mirándome maliciosamente, alzó la botella hasta sus labios. De pronto se detuvo y me hizo un gesto amistoso, mientras tintineaba sus cascabeles.

—Brindo —dijo— por los enterrados que reposan en torno de nosotros.

—Y yo brindo porque tengas larga vida.

Otra vez me tomó del brazo y seguimos adelante.

—Estas criptas son enormes —observó.

—Los Montresors —respondí— fueron una distinguida y numerosa familia.

—He olvidado su escudo de armas.

—Un gran pie humano de oro en un campo de azur; el pie aplasta una serpiente rampante, cuyos dientes se entierran en el talón.

—¿Y el lema?

—*Nemo me impune lacessit.*

—¡Muy bien! —dijo Fortunato.

El vino chispeaba en sus ojos y tintineaban los cascabeles. El médoc había estimulado también mi imaginación. Dejamos atrás largos muros formados por pilas de esqueletos, entre los cuales había también toneles y barriles, hasta llegar a la parte más recóndita de las catacumbas. Me detuve otra vez y me atreví a tomar del brazo a Fortunato por encima del codo.

—¡Mira cómo el salitre crece! —dije—. Abunda como el moho en las criptas. Estamos debajo del lecho del río. Las gotas de humedad caen entre los huesos. Ven, vamos a regresar antes de que sea tarde. Esa tos...

—No es nada —dijo él—, sigamos adelante. Pero antes bebamos otro trago de médoc.

Rompí el cuello de un frasco de De Grâve y se lo di. Lo vació de un trago y sus ojos se llenaron de una luz salvaje. Riéndose lanzó la botella hacia arriba, gesticulando en una forma que no entendí.

Lo miré con sorpresa. Repitió el movimiento, un movimiento grotesco.

—¿No comprendes?

—No —repuse.

—Entonces no eres de la hermandad.

—¿Cómo?

—No eres masón.

—¡Oh, sí! —dije—. ¡Sí lo soy!

—¿Tú, un masón? ¡Imposible!

—Un masón —insistí.

—Muéstrame un signo —dijo él. Un signo.

—Mira —dije, sacando de entre los pliegues de mi capa una paleta de albañil.

—Te estás burlando —exclamó Fortunato, retrocediendo unos pasos—. Pero vamos a ver ese amontillado.

—Como quieras —dije, guardando el utensilio y ofreciendo otra vez mi brazo a Fortunato, que se apoyó en él pesadamente. Continuamos nuestro camino en busca del amontillado. Pasamos bajo una hilera de arcos muy bajos, descendimos, seguimos adelante y descendimos otra vez, hasta llegar a una profunda cripta, donde el aire estaba tan viciado que apenas alumbraban las llamas de nuestras antorchas.

En el extremo más alejado de la cripta se veía otra menos espaciosa. Contra sus paredes se habían apilado restos humanos que subían hasta la parte alta de la bóveda, como puede verse en las grandes catacumbas de París. Tres lados de esa cripta interior estaban ornamentados de esta manera. En el cuarto lado, los huesos se habían desplomado y yacían esparcidos en el suelo, formando en una parte un montón bastante grande. Dentro del muro descubierto por la caída de los huesos, vimos una cripta o nicho interior, cuya profundidad sería de unos cuatro pies, mientras su ancho era de tres y su alto de seis o siete. Parecía haber sido construido sin ningún propósito especial, pues sólo constituía la separación entre dos de los colosales soportes del techo de las catacumbas, y formaba su parte posterior la pared, de sólido granito, que las limitaba.

Fue inútil que Fortunato, alzando su tenue antorcha tratara de ver las profundidades del nicho. La luz débil no nos permitía adivinar dónde acababa.

—Sigue adelante —dije—. Allí está el amontillado. En cuanto a Lucresi...

—Es un ignorante —interrumpió mi amigo, mientras avanzaba tambaleándose y yo le seguía de cerca. En un instante llegó al fondo del nicho y, al encontrar que la roca interrumpía su marcha, se detuvo confundido. Un instante más tarde estaba encadenado al granito. Había en la roca dos argollas de hierro, separadas horizontalmente por unos dos pies. De una de ellas colgaba una cadena corta, de la otra, un candado. Pasándole la cadena alrededor de la cintura, me bastaron unos pocos segundos para cerrar el candado. Fortunato estaba demasiado estupefacto para resistirse. Extraje la llave y salí del nicho.

—Pasa tu mano por la pared —dije— y sentirás el salitre. Te aseguro que hay *mucha* humedad. Una vez más te ruego que volvamos. ¿No? Entonces, tendré que abandonarte. Pero antes he de ofrecerte todos mis servicios.

—¡El amontillado! —exclamó mi amigo, que no había vuelto aún de su asombro.

—Es verdad—respondí—. El amontillado.

Mientras decía estas palabras, fui hasta el montón de huesos del que ya he hablado. Echándolos a un lado, puse en descubierto una cantidad de bloques de piedra y de mortero. Con estos materiales y con ayuda de mi paleta de albañil comencé vigorosamente a tapar la entrada del nicho.

Apenas había colocado la primera hilera de bloques de mampostería, me di cuenta de que la embriaguez de Fortunato se había disipado en buena medida. La primera señal que noté fue un quejido profundo que venía de lo hondo del nicho. *No era* el quejido de un borracho. Siguió un largo y persistente silencio. Puse la segunda hilera, la tercera y la cuarta; entonces oí el furioso agitar de la cadena. El ruido duró varios minutos y durante ese tiempo, para poder escucharlo mejor y más cómodamente, interrumpí mi labor y me senté sobre los huesos amontonados. Cuando, por fin, cesó el resonar, tomé de nuevo mi paleta y terminé sin interrupción la quinta, la sexta y la séptima hilera. La pared me llegaba entonces casi hasta el pecho. Me detuve nuevamente y, alzando la antorcha por encima de la mampostería, proyecté sus débiles rayos sobre la figura allí encerrada.

Una serie de agudos y penetrantes alaridos, brotando súbitamente de la garganta de aquella figura encadenada, me hicieron retroceder con violencia. Durante un momento vacilé y temblé. Desenvainando mi espada, me puse a tantear con ella el interior del nicho, pero me bastó una rápida reflexión para tranquilizarme. Apoyé la mano sobre el sólido muro de la catacumba y me sentí satisfecho. Volví a acercarme al nicho y contesté con mis alaridos a los gritos de aquel que clamaba. Fui su eco, lo ayudé, lo superé en volumen y en fuerza. Sí, así lo hice, y sus gritos acabaron por cesar.

Ya era medianoche y mi tarea llegaba a su fin. Había completado la octava, la novena y la décima hilera. Terminé gran parte de la undécima y última; únicamente quedaba por colocar y fijar una sola piedra. Luché con su peso y la coloqué parcialmente en posición. Pero entonces surgió desde el nicho una risa apagada que hizo erizarse mis cabellos. La siguió una voz lamentable, en la que me costó reconocer la del noble Fortunato.

—¡Ja, ja, ja... ja, ja! ¡Una excelente broma, de veras... una broma excelente...! ¡Cómo vamos a reírnos en el *palazzo*... ja, ja... mientras bebamos... ja, ja!

—¡El amontillado! —dije.

—¡Ja, ja, ja...! ¡Sí... el amontillado...! Pero... ¿no se está haciendo tarde? ¿No estarán esperándonos en el *palazzo*... mi esposa y los demás? ¡Vámonos!

—Sí —dije—. Vámonos.

—*¡Por el amor de Dios, Montresor!*

—Sí —dije. Por el amor de Dios.

Esperé en vano la respuesta a mis palabras. Me impacienté y llamé en voz alta:

—¡Fortunato!

Silencio. Llamé otra vez.

—¡Fortunato!

No hubo respuesta. Pasé una antorcha por la abertura y la dejé caer dentro. Sólo me fue devuelto un tintinear de cascabeles. Sentí que una náusea me envolvía; su causa debía ser la humedad de las catacumbas. Me apresuré a terminar mi trabajo. Coloqué la última piedra en su sitio y la fijé con el mortero. Contra la nueva mampostería volví a levantar la antigua pila de huesos. Durante medio siglo, ningún mortal los ha perturbado. *¡Requiescat in pace!*

ELEONORA

Sub conservatione formœ
especificœ salva anima.

RAIMUNDO LULIO

Vengo de una raza notable por la fuerza de la imaginación y el ardor de las pasiones. Los hombres me han llamado loco; pero la cuestión no está resuelta aún, si la locura es o no es la inteligencia más elevada, si mucho de lo glorioso, si todo lo profundo, no surgen de una enfermedad del pensamiento desde *estados de ánimo* exaltados a expensas del intelecto general. Aquellos que sueñan de día conocen muchas cosas que escapan a esos que sueñan únicamente por la noche. En sus visiones grises, obtienen vislumbres de eternidad y se estremecen, al despertar, y encontrar que han estado al borde del gran secreto. A pedazos aprenden algo de la sabiduría propia de lo que es bueno, y mucho más del mero conocimiento del mal. Ellos penetran, sin embargo, sin timón y sin brújula en el extenso océano de la "luz inefable", y nuevamente, como las aventuras del geógrafo nubinano, *"agressi sunt mare tenebrarum, quid in eo esset exploraturi"*.

Diremos entonces, que estoy loco. Concedo, por lo menos, que hay dos condiciones distintas de mi existencia mental, la condición de una razón lúcida, que no puede ser discutida, y que pertenece a la memoria de sucesos que forman la primera época de mi vida, y una condición de sombra y duda, que pertenece al presente, y al recuerdo de lo que constituye la segunda gran era de mi existencia. Por lo tanto, lo que pueda contar del primer periodo, créanlo; y a lo que pueda relatar del último, den el crédito que merezca o duden

87

enteramente, y si no pueden dudar, entonces hagan lo que Edipo ante el acertijo.

Ella, a quien amé en mi mocedad, de quien ahora recibo, serena y claramente, estos recuerdos, era la hija única de la hermana de mi madre, muerta desde hacía largo tiempo. El nombre de mi prima era Eleonora. Nosotros habíamos vivido siempre juntos, bajo un sol tropical, en el Valle de la Hierba Irisada. Nadie llegó nunca sin guía al valle; pues estaba situado lejos, entre una cadena de colinas gigantes que se alzaban alrededor, impidiendo que la luz del sol penetrara en sus rincones más dulces. No había camino hollado en su vecindad; y, para alcanzar nuestro feliz hogar, había necesidad de apartar con fuerza millares de ramas de árboles del bosque, y de aplastar millones de flores fragantes. Así que vivíamos solos, sin saber nada del mundo fuera del valle, yo, mi prima y su madre.

Desde las regiones opacas más allá de las montañas, en el extremo más alto de nuestra circundada heredad, allí corría un río estrecho y profundo y no había nada más brillante, excepto los ojos de Eleonora; y serpenteando furtivamente en su curso, pasaba al fin, a lo largo de un desfiladero sombrío, entre colinas todavía más oscuras que aquellas de donde saliera. Nosotros lo llamábamos el "Río del Silencio", porque parecía haber una influencia enmudecedora en su corriente. Ningún murmullo provenía de su lecho, y tan suavemente corría que los nacarados guijarros que nos encantaba mirar, dentro, en el fondo de su seno, no se movían, cada uno en su quieto contentamiento, en su antigua posición, brillando gloriosamente para siempre.

El margen del río y los numerosos arroyos deslumbrantes que se deslizaban sinuosamente hasta su cauce, así como los espacios que se extendían desde esos márgenes, descendiendo a las profundidades de las corrientes hasta tocar el lecho de guijarros al fondo, estos lugares, no menos que la superficie entera del valle, desde el río a las montañas que lo ceñían, se alfombraban todos por una mullida hierba verde, corta, gruesa, perfectamente igual, perfumada de vainilla, pero tan salpicada del amarillo ranúnculo, la margarita blanca, las púrpuras violetas y el rojo rubí del asfódelo, que su gran belleza hablaba a nuestros corazones, en voz alta, del amor y de la gloria de Dios.

Y aquí y allá, en las arboledas sobre la hierba, como selvas de sueño, se alzaban árboles fantásticos, cuyos tallos altos y cenceños no estaban rectos, pero se inclinaban graciosamente hacia la luz que asomaba al mediodía en el centro del valle. Las manchas de sus cortezas alternaban vívidamente entre el ébano y la plata, y no había nada más suave, excepto las mejillas de Eleonora; de modo que, de no ser por el verde brillante de las hojas enormes que se derramaban desde sus cimas en largas líneas trémulas, coqueteando con los céfiros, uno los podría haber imaginado sierpes gigantes de Siria que hacen homenaje a su soberano el Sol.

Así tomados de la mano, sobre este valle, por quince años, vagabundeaba yo con Eleonora antes de que el amor entrara en nuestros corazones. Fue una de tarde al cierre del tercer lustro de su vida y del cuarto de la mía, cuando nosotros nos sentamos, cerrados en un abrazo, bajo los árboles serpentinos, mirando abajo, reflejadas en el agua del Río del Silencio, nuestras imágenes. No dijimos ni una palabra durante el resto de aquel dulce día, y aún al siguiente nuestras palabras eran trémulas y breves. Habíamos sacado al dios Eros de aquellas ondas, y ahora sentíamos que él había encendido dentro de nosotros las almas ardientes de nuestros antepasados. Las pasiones que por siglos habían distinguido a nuestra raza, llegaron en tropel junto con las fantasías por las que también era famosa y juntos respiramos una dicha delirante sobre el Valle de la Hierba Irisada. Un cambio sobrevino en todas las cosas. Extrañas flores estrelladas brillaban sobre los árboles donde nunca antes se vieran flores. Los matices de la alfombra verde se profundizaron; y mientras una por una las margaritas blancas desaparecieron, allí brotó en su lugar, diez por una, el rojo rubí del asfódelo. Y la vida surgía a nuestro paso, pues altos flamencos, nunca antes vistos, junto con otros pájaros alegres, ostentaron su radiente plumaje escarlata ante nosotros. Peces de oro y de plata frecuentaron el río, de cuyo seno brotaba, poco a poco, un murmullo que creció y culminó al fin en una melodía más divina que la del arpa eólica, y no había nada más dulce, excepto la voz de Eleonora. Y una nube voluminosa, que habíamos observado largamente en las regiones del Héspero, flotaba en su esplendor de oro y carmesí, difundiendo la paz sobre nosotros, descendiendo día con día; bajaba y bajaba, hasta que sus bordes descansaron sobre las cimas de las montañas, volviendo toda su oscuridad en esplendor, y nos encerró para siempre, dentro de una casa-prisión mágica de grandeza y de gloria.

La hermosura de Eleonora era la de los serafines; pero ella era inocente y natural, como la breve vida que había llevado entre las flores. Ningún artificio disfrazó el ferviente amor que animaba su corazón, y examinaba conmigo los escondrijos más recónditos mientras caminábamos juntos sobre el Valle de la Hierba Irisada, y disertábamos sobre los grandes cambios que habían tenido lugar recientemente.

Por fin, habiendo hablado un día, entre lágrimas, del último camino triste que debe seguir la humanidad, en adelante se ocupó únicamente en tratar este tema pesaroso, sacándolo a relucir en todas nuestras conversaciones, como en las canciones del bardo de Schiraz, las mismas imágenes se encuentran una y otra vez, en cada grandiosa variación de la frase.

Ella había visto que el dedo de la muerte descansaba sobre su seno y supo que, como lo efímera, ella estaba hecha perfecta en su hermosura únicamente para morir. Pero los terrores de la sepultura únicamente residían, para ella, en una consideración que me dio a conocer una tarde al crepúsculo, por los bancos del Río del Silencio. Ella se afligía al pensar que al estar sepultada en el Valle de la Hierba Irisada, yo abandonaría para siempre aquellos lugares felices, transfiriendo el amor que ahora era tan fervientemente suyo hacia alguna doncella del mundo exterior y cotidiano. Y, entonces allí, me tiré precipitadamente a los pies de Eleonora, y alcé la voz en un voto, y juré a ella y al Cielo, que nunca me comprometería en casamiento con cualquier hija de la Tierra, que de ninguna manera me mostraría desleal a su querida memoria, o a la memoria del afecto devoto con que ella me había bendecido. Y apelé al poderoso amo del Universo para testificar la solemnidad piadosa de mi voto. Y la maldición que invoqué de Él o de ella, santa en el Elíseo, si faltaba a aquella promesa, involucraba una pena tan horrenda, que no puedo registrarlo aquí. Y los ojos brillantes de Eleonora brillaron aún más ante mis palabras, y suspiró como si una carga mortal se hubiera desprendido de su seno, y tembló y lloró amargamente; pero aceptó el voto (pues ¿qué era ella sino una niña?) y el voto la alivió en el lecho de su muerte. Y me dijo, no muchos días después, en la tranquilidad de la agonía que, en pago de lo que yo había hecho para la tranquilidad de su alma velaría sobre mí en espíritu cuando partiera y, si se le permitía, volvería a mí, visible en la vigilia de la noche; pero, si ello estaba más allá del poder de las almas en el Paraíso, que ella, por lo menos, me daría indicios frecuentes de su presencia, suspirando sobre mí en los vientos nocturnos, o llenando el aire que respirara con el perfume de los pebeteros de los ángeles. Y, con estas palabras sobre sus labios, ella rindió su inocente vida, poniendo fin a la primera época de la mía.

Hasta aquí yo he hablado fielmente. Pero cuando cruzo la barrera en la trayectoria del tiempo, formada por la muerte de mi amada, y procedo con la segunda era de mi existencia, siento que una sombra pesa sobre mi mente y desconfío de la perfecta cordura del relato. Pero déjenme seguir. Los años se arrastraban lenta y pesadamente, y todavía moraba dentro del Valle de la Hierba Irisada; pero un segundo cambio había venido sobre todas las cosas. La flores estrelladas encogieron en los tallos de los árboles, y nunca aparecieron más. Los matices de la alfombra verde ajaron y uno por uno, el rojo-rubí de los asfódelos se marchitó; y allí brotaron, en su lugar, diez a uno, oscuras violetas como ojos, que se retorcían inquietamente y se llenaron para siempre de rocío. Y la Vida partió de nuestros senderos; y el alto flamenco no ostentó más su plumaje escarlata ante nosotros, pero voló tristemente desde el valle a las colinas, con todos los pájaros relucientes y alegres que habían llegado en su compañía. Y los peces de oro y plata nadaron por el desfiladero al confín más lejano de nuestra heredad y nunca adornaron nuevamente el río. Y la arrulladora melodía que había sido más suave al viento que el arpa eólica, y más divina que todo excepto la voz de Eleonora, murió poco a poco, en murmullos cada vez más y más bajos, hasta que la corriente volvió, a la larga, totalmente a la solemnidad de su silencio original. Y entonces, finalmente, la nube voluminosa se alzó y, abandonando las cimas de las montañas al oscurecimiento de antes, retrocedió a las regiones del Héspero y se llevó lejos todas sus múltiples glorias áureas y espléndidas del Valle de la Hierba Irisada.

Pero las promesas que hiciera Eleonora no habían sido olvidadas; porque oía los sonidos del balancear de los pebeteros de los ángeles; y los arroyos de un perfume santo flotaron siempre sobre el valle; y en horas solitarias, cuando mi corazón golpeaba pesadamente, los vientos que bañaron mi frente vinieron hasta mí cargados de suspiros mullidos; e indistintamente los murmullos llenaron frecuentemente el aire de la noche, y una vez, oh —¡pero una vez única!—, me despertó de un sueño, como el sueño de la muerte, la presión de unos labios espirituales sobre los míos.

Pero, aún así, el hueco dentro de mi corazón se rehusaba a ser llenado. Anhelaba el amor que tuvo antes y que lo llenaba hasta desbordarse. Al fin el valle *me dolía* por el recuerdo de Eleonora, y yo lo dejé para siempre por las vanidades y los turbulentos triunfos del mundo.

Y me encontré dentro de una ciudad extraña, donde todas las cosas podrían haber servido para borrar del recuerdo los dulces sueños que había soñado anhelante en el Valle de la Hierba Irisada. Las pompas y lujos de una corte majestuosa, el loco estrépito de las armas y la hermosura radiante de las mujeres confundían y embriagaban mi mente. Pero hasta ahora mi alma se había mantenido fiel a sus votos, y los indicios de la presencia de Eleonora me llegaban todavía en las horas silenciosas de la noche. Repentinamente cesaron estas manifestaciones. El mundo creció oscuro ante mis ojos y quedé aterrado y estupefacto ante los pensamientos abrasadores que me poseyeron, las tentaciones terribles que me sitiaron; pues llegó desde alguna tierra distante y desconocida, a la alegre corte del rey donde yo servía, una doncella ante cuya belleza mi corazón desleal se rindió sin lucha, a cuyos pies me incliné de inmediato, con la más ardiente, con la más abyecta veneración amorosa. ¿Qué era en verdad, mi pasión por la jovencita del valle en comparación con el fervor, el delirio, y el espíritu de adoración con que vertí mi alma entera en lágrimas a los pies de la etérea Ermengarda? Oh, ¡brillante serafín Ermengarda! Y sabiéndolo, no me quedaba lugar para ninguna otra. ¡Oh, divino ángel Ermengarda! Y al mirar en las profundidades de sus ojos, donde moraba el recuerdo, yo pensé únicamente en ellos... y *en ella*.

Me casé; no temí la maldición que había invocado, y su amargura no me visitó. Y una vez, pero sólo una vez más en el silencio de la noche, vinieron sobre mí los suspiros suaves que me habían abandonado, y se tornaron en la voz familiar y dulce, diciendo:

"¡Duerme en paz!, pues el Espíritu de Amor reina y gobierna, y abriendo tu apasionado corazón a la que es Ermengarda, se te ha absuelto, por razones que conocerás en el Cielo, de tus juramentos a Eleonora."

BERENICE

Dicebant mihi sodales, si sepulchrum amicae
visitarem, curas meas aliquantulum fore levatas.
EBN ZAIAT

La miseria es múltiple. la desgracia en la tierra es multiforme. Desplegada sobre el vasto horizonte, como el arco iris, sus matices son tan diversos como los matices de éste, a la vez que tan distintos y, sin embargo, tan íntimamente mezclados. ¡Desplegada en el amplio horizonte como el arco iris! ¿Cómo ocurre que de la belleza he derivado una forma de desencanto? ¿De la alianza de paz, un símil del dolor? Pero así como en la ética la maldad es consecuencia del bien, así, en la realidad, de la alegría nace la tristeza. O el recuerdo de la dicha pasada es la angustia de hoy, o las agonías que son tienen su origen en los éxtasis que *pudieron haber sido.*

Mi nombre de pila es Egaeus; no mencionaré mi apellido. Sin embargo, no hay en este país torres más venerables que las de mi sombría y lúgubre casa señorial. Nuestro linaje ha sido llamado raza de visionarios; y en muchos impresionantes detalles, en el carácter de la mansión familiar, en los frescos del salón principal, en las tapicerías de las alcobas, en el cincelado de algunos pilares de la sala de armas, pero, sobre todo en la galería de cuadros antiguos, en el estilo de la biblioteca y, por último, en la muy peculiar naturaleza de los libros, hay evidencias más que suficientes para justificar esta creencia.

Los recuerdos de mis primeros años se relacionan con aquella cámara y con sus volúmenes... de los que no diré más. Allí murió mi madre. Allí nací yo. Pero es inútil decir que yo no había vivido antes, que el alma no conoce una existencia anterior. ¿Lo niega usted? No discutiré el asunto. Yo estoy convencido, pero no intento convencer. Sin embargo, hay un recuerdo de formas etéreas, de ojos espirituales y expresivos, de sonidos musicales y tristes, un recuerdo que no será excluido; una memoria como una sombra, indistinta, variable, indefinida, vacilante; y como una sombra, además, en la imposibilidad de librarme de ella mientras exista la luz de mi razón.

En aquella cámara nací yo. Despertándome así de la larga noche de lo que parecía, sin serlo, la nada; me encontré de repente en las mismas regiones de las hadas, dentro de un palacio de la imaginación, en los salvajes dominios del pensamiento y la erudición monásticos. No es extraño que mirase a mi alrededor con ojos sorprendidos y ardientes, que desperdiciara mi niñez en libros y disipara mi juventud en sueños. Pero sí es raro que, mientras pasaban los años, el apogeo de la madurez me encontrara todavía en la morada de mis padres. Es asombrosa la parálisis que cayó sobre las fuentes de mi vida. Asombrosa la forma en que ocurrió una total inversión en el carácter de mis pensamientos más simples. Las realidades del mundo me afectaron como visiones y como visiones únicas, mientras las extrañas ideas del país de los sueños llegaron a ser, a su vez, no la materia de mi existencia cotidiana, sino mi completa y absoluta existencia.

Berenice y yo éramos primos y crecimos juntos en la casa de mis antepasados. Pero crecimos de modo distinto: yo, enfermizo, envuelto en la melancolía; ella, ágil, graciosa, llena de vida. Suyos eran los paseos por la colina; míos, los estudios del claustro; yo vivía encerrado en mi corazón, entregado apasionadamente en cuerpo y alma a la meditación más intensa y penosa; ella, vagando sin cuidado por la vida, sin pensar en las sombras del camino, ni en el silencioso vuelo de las horas de alas negras. ¡Berenice! Invoco su nombre, ¡Berenice! ¡Y de las grises ruinas de mi memoria, mil recuerdos tumultuosos despiertan ante este sonido! ¡Ah! ¡Viva aparece su imagen ante mí, ahora, como en los primeros días de su alegría y de su regocijo! ¡Oh, espléndida y fantástica belleza! ¡Oh, sílfide entre las malezas de Arnheim! ¡Oh, náyade entre sus fuentes! Y entonces… entonces todo es misterio y terror y una historia que no se debe contar. La enfermedad —una enfermedad mortal— cayó como el simún sobre su cuerpo e incluso mientras yo la contemplaba, el espíritu pasó por ella, penetrando en su mente, sus hábitos y su carácter, y de la manera más sutil y terrible perturbó incluso la identidad de su persona. ¡Ay! La fuerza destructora vino y se alejó, y la víctima…, ¿dónde estaba? Yo no la conocí, o al menos, ya no la reconocía como Berenice.

Entre la numerosa serie de enfermedades promovidas por aquella primera y fatal que desencadenó una revolución tan horrible en el ser moral y físico de mi prima, puede mencionarse como la más angustiosa y obstinada en su naturaleza una especie de epilepsia que con frecuencia terminaba en catalepsia, en un trance muy semejante a la extinción de la vida; del cual solía despertar, la mayoría de las veces, con un brusco sobresalto. Mientras tanto mi propia enfermedad —porque me han dicho que no debo llamarle de otro modo—, mi propia enfermedad creció rápidamente, y al fin asumió un carácter monomaníaco de nueva y extraordinaria especie, ganando en vigor a cada hora y cada momento, y por último tuvo sobre mí el dominio más incomprensible. Esta monomanía, si tengo que llamarla así, consistía en una irritabilidad mórbida, de esas propiedades de la mente que la ciencia psicológica designa como las atentivas. Es más que probable que no sea comprendido, pero temo, en realidad, que de ninguna manera me sea posible comunicar a la mente del lector general una idea adecuada de aquella nerviosa *intensidad de interés* con que, en mi caso, las facultades de meditación (por no hablar en términos técnicos) se ocupaban y se hundían, aún en la contemplación de los objetos más ordinarios del universo.

Reflexionar largas, incansables horas con mi atención fija en algún trivial dibujo hecho en el margen o en la tipografía de un libro. Estar absorto durante buena parte de un día de verano en una sombra extraña que cae oblicuamente sobre el tapiz o sobre la puerta. Perder la noche entera velando la tranquila llama de una lámpara o los rescoldos de un fuego. Soñar días enteros con el perfume de una flor. Repetir monótonamente alguna palabra común, hasta que el sonido, gracias a la continua repetición, deja de transmitir la menor idea a la mente. Perder todo el sentido del movimiento o de la existencia física, por medio de la absoluta inmovilidad del cuerpo, mantenida larga y obstinadamente. Tales eran algunos de los caprichos más comunes y menos perniciosos inducidos por una condición de las facultades mentales, no única, por cierto, pero sí capaz de desafiar cualquier análisis o explicación.

Sin embargo, no quiero ser malinterpretado. La atención excesiva, seria y morbosa, así excitada por objetos triviales, no debe confundirse en su naturaleza con esa tendencia a la meditación corriente en toda la humanidad, y a la que se entregan especialmente las personas de una imaginación ardiente. Tampoco era, como pudo suponerse al principio, una condición extrema de tal propensión, ni la exageración de una tendencia semejante, sino un estado primario y esencialmente distinto, diferente. En uno de estos casos, el soñador o el entusiasta, al interesarse por un objeto usualmente *no* trivial, pierde imperceptiblemente de vista este objeto en un bosque de deducciones y sugerencias que surgen de él, hasta que, al final de la ensoñación muchas veces llena de deleite, encuentra que el *incitamentum* o causa primera de sus meditaciones, desaparece enteramente y queda olvidado. En mi caso el **objeto** primario era *invariablemente frívolo*, aunque adquiría, por **medio** de mi visión perturbada, una importancia refleja e irreal. Pocas deducciones o ninguna hallaba, y aquellas pocas volvían pertinazmente sobre el objeto original como centro. Las meditaciones *nunca* eran agradables, y al final de la ensoñación, la causa primera, lejos de perderse de vista, había alcanzado ese interés sobrenaturalmente exagerado que constituía el aspecto predominante de la enfermedad. En una palabra, las facultades de la mente, ejercidas de forma especial, eran, en mi caso, como ya he dicho, las de la atención, mientras que en el caso del soñador son las de la especulación.

Mis libros en esta época, si no servían realmente para aumentar el trastorno, compartían en su mayor parte, como se verá, en su naturaleza imaginativa e inconsecuente, las cualidades características del trastorno mismo. Recuerdo bien, entre otros, el tratado del noble italiano Coelius Secundus Curio *De Amplitudine Beati Regni Dei*; la gran obra de San Agustín, *La ciudad de Dios*; y de Tertuliano, *De Carne Christi*, en la que la frase paradójica *Mortuus est Dei filius; credibili est quia ineptum est: et sepultus resurrexit; certum est quia impossibili est*, ocupó todo mi tiempo durante muchas semanas de investigación laboriosa y estéril.

Así se verá que, agitada en su equilibrio sólo por cosas triviales, mi razón semejaba aquel arrecife mencionado por Ptolomeo Hefestión, que resistía impávido los ataques de la violencia humana y la furia más feroz de las aguas y los vientos, pero temblaba al solo toque de la flor llamada asfódelo. Y aunque, para un pensador descuidado podría parecer un asunto fuera de toda duda que la alteración producida por su triste enfermedad, en la condición moral de Berenice, me hubiera sugerido muchos objetos para el ejercicio de esa meditación intensa y anormal cuya naturaleza me ha costado bastante explicar, no era éste el caso en absoluto. En los intervalos lúcidos de mi mal, la calamidad de Berenice me causaba dolor; y conmovido hondamente por ese naufragio total de su bella y dulce vida, no dejaba yo de meditar con frecuencia, amargamente, sobre los medios portentosos por los que había llegado a producirse tan repentinamente esa extraña revolución. Pero estas reflexiones no compartían la idiosincracia de mi enfermedad y eran como las que se hubieran presentado, bajo circunstancias similares, a los hombres comunes. Conforme con su propio carácter, mi desorden se recreaba en los cambios de menor importancia, pero más asombrosos, producidos en la constitución física de Berenice, en la extraña y pasmosa distorsión de su identidad personal.

Durante los días más luminosos de su belleza sin paralelo, indudablemente nunca la había amado. En la extraña anomalía de mi existencia, mis sentimientos nunca habían sido del corazón y mis pasiones siempre eran de la mente. En las tempranas horas de la mañana gris, en las entrelazadas sombras del bosque al mediodía y en el silencio de mi biblioteca por la noche, ella había pasado veloz ante mis ojos y yo la había visto, no como la Berenice viva y palpitante, sino como la Berenice de un sueño; no como un ser de la tierra, sino como la abstracción de un ser semejante; no como algo para admirar, sino para analizar; no como un objeto de amor, sino como tema de la más abtrusa, aunque inconexa especulación. Y *entonces*, entonces me estremecía ante su presencia y palidecía cuando se acercaba; sin embargo, aun lamentando amargamente su estado decaído y desolado, recordé que me había amado largo tiempo y en un momento aciago le hablé de matrimonio.

Y al fin la fecha de nuestras nupcias se acercaba cuando, una tarde de invierno de aquel año, en uno de esos días intempestivamente cálidos, calmos y nebulosos, que son la nodriza de la hermosa Alción[1], me senté (creyendo que estaba solo) en el apartamento interior de la biblioteca. Pero al levantar los ojos vi a Berenice de pie ante mí.

¿Fue mi imaginación excitada, la influencia de la atmósfera nebulosa, el crepúsculo incierto de la habitación o el gris ropaje que cubría su figura, lo que la hicieron tan vacilante e indistinta? Yo no podría decirlo. Ella no pronunció palabra, y yo por nada del mundo habría podido proferir ni una sílaba. Un escalofrío helado recorrió mi cuerpo; un sentimiento de insufrible ansiedad me oprimió; una curiosidad devoradora penetró en mi alma; y hundiendo mi espalda en la silla, permanecí por un momento sin aliento, inmóvil, con los ojos clavados en su persona. ¡Ay!, su delgadez era excesiva, ni un solo vestigio del ser anterior asomaba en una línea de aquel contorno. Mis ardientes miradas cayeron al fin sobre su rostro.

La frente era alta, muy pálida y singularmente plácida; el cabello, antes de un negro azabache, caía parcialmente sobre la frente y sombreaba las sienes con innumerables rizos, de un vívido rubio ahora, que por su carácter fantástico contrastaban discor-

---

[1] Ya que Júpiter, durante la estación invernal, concede dos veces siete días de calor, los hombres han llamado a este tiempo clemente y templado, la nodriza de la hermosa Alción *(Simónides)*.

dantes con la melancolía infinita del rostro. Los ojos estaban sin vida y sin brillo, y aparentemente carecían de pupilas; involuntariamente aparté la vista de su mirada vidriosa, para fijarla en los labios delgados. Se abrieron, y en una sonrisa de significado peculiar, los dientes de la cambiada Berenice se revelaron lentamente a mi vista. ¡Ay Dios, ojalá no los hubiera visto nunca, o que al verlos, hubiera muerto!

El cerrar de una puerta me perturbó y mirando, encontré que mi prima había salido de la habitación. Pero de la desordenada habitación de mi mente, ¡ay!, no partió y no partiría el blanco y cadavérico espectro de los dientes. No hubo una mancha sobre su superficie… ni una sombra sobre su esmalte… ni una melladura en sus bordes… que en el breve periodo de su sonrisa no grabara su imagen en mi memoria. Yo los vi ahora aún más claramente que los percibí entonces. ¡Los dientes! ¡Los dientes! Estaban aquí y allí y en todas partes, visibles y palpables ante mí; largos estrechos y excesivamente blancos, con los labios pálidos retorciéndose sobre ellos, como en el momento mismo en que comenzaron a distenderse. Entonces vino de lleno la furia de mi monomanía, y pugné contra su influencia extraña e irresistible. En los múltiples objetos del mundo externo no tenía ningún pensamiento más que para los dientes. Los deseaba con un deseo frenético. Las otras materias, todos los diferentes intereses llegaron a ser absorbidos por su contemplación única. Ellos… sólo ellos estaban presentes en mi mirada mental, y ellos, en su individualidad única, llegaron a ser la esencia de mi vida intelectual. Los examiné bajo todas las luces. Los hice adoptar todas las actitudes. Estudié sus características. Medité sus peculiaridades. Cavilé sobre su conformación. Reflexioné sobre la alteración de su naturaleza. Temblé atribuyéndoles en la imaginación un poder sensible y consciente, y aun sin los labios, una capacidad de expresión moral. De mademoiselle Sallé se ha dicho bien *que tous ses pas étaient des sentiments* y de Berenice yo creía, con mayor seriedad qué *toutes ses dents étaient des idées. Des idées!* ¡Ah, ese fue el pensamiento idiota que me destruyó! *Des* idées! ¡Ah, por eso yo los codiciaba tan locamente! Sentía que su posesión podría por sí sola devolverme la paz, devolviéndome la razón.

Y la tarde se cerró sobre mí y la oscuridad vino y se quedó un rato, y fue nuevamente de día y las brumas de una segunda noche se espesaron a mi alrededor... y todavía yo estaba sentado, inmóvil en la habitación solitaria; y todavía estaba hundido en la meditación, y aún el fantasma de los dientes mantenía su predominio terrible, mientras con una viva y horrible claridad flotaba entre las sombras y luces cambiantes de la estancia. Al fin, irrumpió en mis sueños un grito de horror y consternación; y entonces, después de un rato, se alzó el sonido de voces preocupadas, mezclado con sordos gemidos de dolor o de pena. Me levanté de la silla y, abriendo de par en par una de las puertas de la biblioteca, encontré afuera a una doncella deshecha en llanto, quien me dijo que Berenice ya no existía... Había tenido un ataque de epilepsia temprano en la mañana y ahora, al caer la noche, la tumba estaba lista para su inquilina y todos los preparativos para el entierro estaban completos.

Me encontré de nuevo sentado en la biblioteca, otra vez solo. Parecía que hubiera despertado de un sueño confuso y excitante. Supe que era media noche y fui bien consciente de que, desde la puesta del sol, Berenice había sido enterrada. Pero de aquel melancólico periodo intermedio no he conservado un conocimiento real, o por lo menos definitivo. Sin embargo, su recuerdo está repleto de horror... horror más horrible por lo vago, y terror más terrible por su ambigüedad. Era aquélla una página espantosa en el registro de mi existencia, opaca y horrenda, escrita toda con recuerdos ininteligibles. Me afané en descifrarlos, pero en vano; mientras tanto, como el espíritu de un sonido lejano, un agudo y penetrante grito de mujer parecía retumbar en mis oídos. Yo había hecho algo..., ¿qué era?, me pregunté a mí mismo en voz alta, y los ecos de la cámara me contestaron, *"¿qué era?"*

Sobre la mesa, a mi lado, ardía una lámpara, y cerca estaba una caja pequeña. No tenía ningún rasgo notable, yo la había visto frecuentemente antes; era propiedad del médico de la familia; pero ¿cómo es que había llegado hasta aquí, hasta mi mesa, y por qué temblé al mirarla? Estas cosas no tenían explicación alguna y al final mis ojos cayeron sobre las páginas abiertas de un libro, y sobre una frase subrayada. Eran las singulares pero sencillas palabras del poeta Ebn Zaiat, *Dicebant mihi sodales, si sepulchrum amicae visitarem, curas meas aliquantulum fore levatas.* ¿Por qué al leerlas mis cabellos se erizaron y la sangre se heló en mis venas?

Dieron entonces un ligero golpe en la puerta de la biblioteca, y pálido como el inquilino de una tumba, un criado entró de puntillas. Sus ojos estaban llenos de terror y se dirigió a mí con voz trémula, ronca y ahogada. ¿Qué fue lo que dijo?, escuché algunas frases entrecortadas. Habló de un grito salvaje que había perturbado el silencio de la noche, de la reunión junto al hogar, de la búsqueda del origen del sonido; y entonces el tono de su voz cobró un matiz espeluznante y claro, cuando me habló en un susurro de una tumba violada, un cuerpo desfigurado y sin mortaja, todavía respirando, todavía latiendo, ¡todavía vivo!

Luego señaló mis ropas, estaban llenas de lodo y sangre coagulada. Yo no dije nada, me tomó suavemente de la mano, tenía marcas de uñas humanas. Llamó mi atención sobre un objeto apoyado contra la pared; lo miré durante algunos minutos, era una pala. Con un alarido me abalancé sobre la mesa y así la caja. Pero no tuve fuerza para abrirla, y en mi temblor se me deslizó de las manos y cayó pesadamente, reventando en pedazos; y entre ellos rodaron algunos instrumentos de cirugía dental, mezclados con treinta y dos objetos pequeños, blancos, marfileños, que se esparcieron por el suelo.

LIGEIA

Y la voluntad allí dentro yace, la que no muere. ¿Quién conocerá los misterios de la voluntad y su vigor? Pues Dios no es sino una gran voluntad penetrando todas las cosas por la naturaleza de su intensidad. El hombre no se rinde a los ángeles, ni a la muerte por entero, salvo a través de la flaqueza de su débil voluntad.

JOSEPH GLANVILL

No puedo, por mi alma, recordar cómo, cuándo o incluso precisamente dónde por primera vez me relacioné con *lady* Ligeia. Largos años desde entonces han transcurrido, y mi memoria es endeble a fuerza de tanto sufrimiento. O quizá no puedo traer ahora esos detalles a la mente, porque, en verdad, el carácter de mi amada, su raro saber, su singular e incluso plácido estilo de belleza y la sorprendente y emocionante elocuencia de su bajo timbre musical, abrieron camino en mi corazón con marchas tan constantes y de furtiva progresión que han pasado inadvertidas y veladas. Pero creo que la encontré primero y luego con bastante frecuencia en alguna grande, vieja, decadente ciudad cercana al Rhin. De su familia… seguro la escuché hablar. Que pertenece a una fecha remota y antigua no puede dudarse. ¡Ligeia! ¡Ligeia! En estudios de una naturaleza más que adaptada para amortiguar las impresiones del mundo exterior, es sólo por esa dulce palabra —por Ligeia— que traigo ante mis ojos, en fantasía, la imagen de ella, que no es más. Y ahora, mientras escribo, destella sobre mí el recuerdo de nunca haber conocido el apellido paterno de quien fue mi amiga y mi prometida, y quien llegó a ser la compañera de mis investigaciones y, al final, la esposa de mi alma. ¿Fue el lúdico precio por parte de mi Ligeia? ¿O una prueba a la fortaleza de mi afecto, el compromiso de no realizar preguntas sobre este punto? ¿O más bien un capricho mío... un delirante ofrecimiento romántico al templo de la devoción más apasionada? Recuerdo borrosamente el hecho en sí mismo... ¿Es sorprendente acaso que haya olvidado por completo las circunstancias que lo originaron o asistieron? Y, de verdad, si alguna vez el espíritu del *Romance*, la pálida y tenebrosa *Ashtophet* del idólatra Egipto, ha presidido, como cuentan, los matrimonios aciagos, entonces con mucha seguridad presidió el mío.

Hay un tópico querido, sin embargo, en que mi memoria no falla. Es la apariencia de Ligeia. En estatura era alta, un tanto delgada, y, en sus últimos días, incluso demacrada. Intentaría en vano retratar la majestad, la calma de su comportamiento o la elasticidad y ligereza incomprensibles de su caminar. Venía y se marchaba como una sombra. Nunca me percaté de su entrada en mi cerrado estudio excepto por la querida música de su tenue y dulce voz, mientras posaba su marmórea mano sobre mi hombro. En belleza de rostro ninguna doncella jamás la igualó. Era el resplandor de un sueño opiáceo... una sublime y elevada visión espiritual más delirantemente divina que las fantasías en la flotante visión sobre las adormecidas almas de las hijas de Delos. Sin embargo, sus rasgos no pertenecían al molde regular que nos ha sido falsamente inculcado para adorar en las obras clásicas de los paganos. "No hay belleza exquisita," dice Bacon, lord Verulam, hablando con sinceridad sobre todas las formas y géneros de belleza, "sin algo de extraño en la proporción." Pese a ver que los rasgos de Ligeia no tenían la clásica regularidad... percibía que su hermosura era en verdad "exquisita" y sentía que había mucho de "extraño" saturándola, incluso traté en vano de detectar la irregularidad y de trazar caseramente mi propia percepción de "lo extraño." Examiné el contorno de la alta y pálida frente... era impecable —¡cuán fría es en verdad esta palabra cuando se aplica a una majestad tan divina!— la piel rivalizando al marfil más puro, su extensión dominante y su serenidad, la suave prominencia de las regiones superciliares; y luego la tonalidad negro cuervo, la brillante, la exuberante y natural cabellera enrulada, resaltando la completa fuerza del epíteto homérico, "cabellera de jacinto". Miré los contornos delicados de la nariz… y en ninguna parte, excepto en los maravillosos medallones de los hebreos, percibí una perfección similar. Había la misma tersura espléndida en la superficie, la misma tendencia apenas perceptible a lo aguileño, las mismas curvas armoniosas de la nariz hablando de la libertad de su espíritu. Observé la dulce boca. Allí estaba, de veras, el triunfo de todas las cosas celestiales… el magnífico emplazamiento del estrecho labio superior… la voluptuosa suavidad del inferior… los hoyuelos que adornaban el conjunto, y el color que casi hablaba… los dientes brillantes al fondo, con un esplendor casi sorprendente, cada rayo de sagrada luz parecía caer sobre ellos enmarcando la serena, plácida, la más radiante de todas las sonrisas. Escudriñé la formación de la barbilla —y aquí, también, encontré la apostura de su amplitud, la suavidad y majestad, la plétora y el espiritualismo de lo griego—, los contornos que el dios Apolo reveló sólo en sueños a Cleomenes, al hijo del ateniense. Y entonces comulgaba en la profundidad de los ojos de Ligeia.

Para los ojos no tenemos ningún modelo en la remota antigüedad. Podría ser, entonces, que en las pupilas de mi amada yaciera el secreto que lord Verulam refiere. Eran, pienso, más grandes que los ojos ordinarios de nuestra raza. Eran incluso más imponentes que los enormes ojos de gacela de la tribu del valle de Nourjahad. Incluso, sólo a intervalos —en momentos de intensa excitación—, ocurría que esta peculiaridad se volvía más que perceptible en Ligeia. Y en esos instantes era su belleza —en mi fantástica fiebre quizá así apareció— la belleza de seres elevados o apartados de la tierra… la fabulosa belleza de la hurí de Turquía. El matiz de sus pestañas, del más brillante negro; y, lejanas sobre ellas, colgaban latigazos de extensa longitud. Las cejas, ligeramente irregulares en su trazo, tenían el mismo matiz. Lo "extraño", sin embargo, que encontré en sus ojos, era de una naturaleza distinta a la forma, el color o el resplandor de sus rasgos, y tiene, ante todo, que ser atribuida a su expresión. ¡Ah, palabra sin significado! ¡Detrás de la vasta latitud del simple sonido protegemos nuestra ignorancia de la magnitud espiritual! ¡La expresión de los ojos de Ligeia! ¡Cuántas horas medité al respecto! ¡Cuántas veces, a través de la completa noche de mediados de un verano, pugné por comprenderlo! ¿Qué era —aquello más profundo que el pozo de Demócrito— que yacía abismal en las pupilas de mi amada? ¿Qué era? Estaba poseído por la pasión de descubrirlo. ¡Esos ojos! ¡Esas grandes, esas brillantes, esas divinas órbitas! Venían a mí, estrellas mellizas de Leda, y yo era el más devoto de sus astrólogos.

No hay un momento, entre las muchas anomalías incomprensibles de la ciencia de la mente, más inquietante y excitante que el hecho —pienso, nunca referido en las escuelas— de que, en nuestros empeños por recordar algo largamente olvidado, nos encontramos a cambio al mismo borde del recuerdo, sin ser capaces, al final, de recordar. Y así con frecuencia, en mi intenso escrutinio de los ojos de Ligeia, sentí aproximarse el entero conocimiento de su expresión... lo sentí aproximarse —pero no del todo mío— ¡y de igual forma partir por completo! Y (¡extraño, oh el más extraño de los misterios!) encontré, en los objetos más comunes del universo, una serie de analogías a esa expresión Quiero decir que, luego del periodo cuando la belleza de Ligeia se posó en mi espíritu, residiendo como en un templo, derivé hacia muchos objetos en el mundo material, con un sentimiento tal como el que sentía despertar en mí por sus grandes y luminosas órbitas. No por eso podía definir este sentimiento, analizarlo o incluso inspeccionarlo con fijeza. Lo reconocía, déjenme repetirlo, a veces en la observación del rápido crecimiento de una enredadera... en la contemplación de una polilla, una mariposa, una crisálida, un arroyo de agua corriente. Lo percibía en el océano; en la caída de un meteoro. Lo sentía en las miradas de gente de inusual ancianidad. Y hay una o dos estrellas en el cielo (una en especial, una estrella de sexta magnitud, doble y cambiante, que se puede encontrar cercana a la más grande estrella en Lira) que en escrutinio telescópico me transferían la misma sensación. Me he sentido lleno de él al escuchar ciertos sonidos provenientes de instrumentos de cuerda, y no con poca frecuencia por pasajes de libros. Entre otros innumerables ejemplos, recuerdo bien algo en un volumen de Joseph Glanvill, que (quizá por su mera peculiaridad... ¿quién puede decirlo?) nunca fracasó para inspirarme ese sentimiento: "Y la voluntad allí dentro yace, la que no muere. ¿Quién conocerá los misterios de la voluntad y su vigor? Pues Dios no es sino una gran voluntad penetrando todas las cosas por la naturaleza de su intensidad. El hombre no se rinde a los ángeles, ni a la muerte por entero, salvo a través de la flaqueza de su débil voluntad."

La longitud de los años y las subsecuentes reflexiones, me han permitido trazar, por cierto, alguna conexión remota entre este pasaje del moralista inglés y una porción del carácter de Ligeia. La *intensidad* de pensamiento, acción o discurso, era posiblemente, en ella, el resultado, o por lo menos un indicador, de esa gigantesca voluntad que, durante nuestra larga relación, fracasó en dar otra y más inmediata evidencia de su existir. De todas las mujeres que he conocido, ella, la de extremada calma, la siempre plácida Ligeia, era la más susceptible a ser una presa de los buitres tumultuosos de la inflexible y violenta pasión. Y de tal pasión no puedo formular ningún balance, excepto por el milagroso distenderse de esos ojos que de inmediato me encantaban y pasmaban —por la casi mágica melodía, modulación, claridad y placidez de su muy tenue voz— y por la fiera energía (completada en efectiva duplicidad por el contraste con su manera de expresarse) de las salvajes palabras que por lo general usaba.

He hablado del saber de Ligeia: era inmenso... tal como no he conocido jamás en mujer alguna. En lenguas clásicas era profunda experta, y tanto como mi conocimiento lo permite, en el área de dialectos modernos de Europa, tampoco le conocí fallas. Incluso, sobre cualquier tema de los más admirados, sobre lo más abstruso de la erudición veleidosa de la academia, ¿encontré *falla* alguna en

Ligeia? ¡Tan singular... tan estremecedor, este punto en la naturaleza de mi esposa, sólo en este último periodo, me ha forzado a centrar mi atención! Dije que su conocimiento era tal como nunca había conocido en una mujer... pero, ¿dónde está el hombre que ha cruzado y triunfado en *todas* las amplias áreas de la moral, la física, y la ciencia matemática? No vi entonces lo que ahora claramente percibo, que los atributos de Ligeia eran gigantescos, sorprendentes; y yo estaba al tanto de su supremacía infinita como para resignarme, con la actitud confidencial de un niño, a su guía a través del caótico mundo de la investigación metafísica, en la que permanecí en exceso ocupado durante los primeros años de nuestro matrimonio. ¡Con qué vasto triunfo... con cuánto vívido deguste... con cuánto de todo lo etéreo que tiene la esperanza... *sentía* yo, mientras ella se inclinaba sobre mí en los estudios poco dominados... todavía menos conocidos... aquella deliciosa perspectiva en lentos grados se expandía ante mí, larga cuesta, espléndida y del todo intocada ruta, en que podría al fin avanzar hacia la meta de una sapiencia demasiado divina y preciosa para no ser prohibida!

¡Qué angustiante fue entonces la congoja con que, después de algunos años, descubrí a mis bien fundadas expectativas tomar alas y volar lejos! Sin Ligeia yo no era sino un niño tropezando en las tinieblas. Su presencia, sus simples lecturas, develaban con viva luminosidad los muchos misterios del trascendentalismo en que estábamos inmersos. Deseando el radiante lustre de sus ojos, las letras, antes cristalinas y áureas, se volvían más opacas que el plomo saturnino. Y ahora esos ojos brillaban cada vez con menos y menos frecuencia sobre las páginas que yo estudiaba. Ligeia empezó a enfermar. Los salvajes ojos ardieron en demasía... con un fulgor demasiado glorioso; los dedos pálidos llegaron a ser del matiz ceroso y transparente de la sepultura, y las venas azules sobre la frente altanera se dilataban y hundían con ímpetu en las mareas de la emoción más breve. Vi que iba a morir... y en espíritu luché desesperado con el implacable Azrael. Y las luchas de la apasionada esposa eran, para mi pasmo, aún más enérgicas que las mías. Debió existir mucha de su adusta naturaleza para impresionarme con la creencia de que a ella la muerte la alcanzaría sin sus terrores; no fue así. Las palabras son impotentes para transmitir con justicia la idea de la fiera resistencia con que se trenzaba con la Sombra. Gemí de angustia ante el lamentable espectáculo. Tendría calma, tendría razón; pero en la intensidad de su deseo ferviente por la vida… por vida… sólo por la vida… paz y razonamiento eran la cumbre de la insensatez. Incluso ni en el último instante, en medio de las más retorcidas convulsiones de su férreo espíritu, fue removida la externa placidez de su comportamiento. Su voz se volvió más suave… más tenue… pero no desearía interpretar el extraño significado de las palabras que con calma expresaba. Mi cerebro se debatía mientras daba entrada al sonido, a una melodía más que mortal… a suposiciones y aspiraciones que la mortalidad nunca antes había conocido.

Que me amó, no debí dudarlo; y tendría que estar sencillamente consciente de que, en un corazón como el suyo, el amor regía con pasión poco común. Pero sólo ante la muerte, fui plenamente impresionado por la fortaleza de su afecto. Por largas horas, sosteniendo mi mano, escanció en mí su corazón rebosante de una más que apasionada devoción que llegaba a la idolatría. ¿Cómo llegué a merecer la bendición de tales confesiones?… ¿Cómo llegué a merecer tanta injuria con la pérdida de mi amada en la hora misma en que las hacía? Pero sobre este tema no puedo soportar el extenderme. Déjenme sólo decir que en Ligeia más que la femenina entrega al amor, ¡ay! del todo inmerecido, del todo conferido, al fin reconocí el principio de su anhelo, de su tan ferviente y poderoso deseo por esa vida que ahora huía con tanta rapidez. Es este anhelo ferviente… es esta ansiosa vehemencia por el deseo de vida… *sólo* por vida… que soy incapaz de retratar… no hay discurso capaz de expresarlo.

En el cenit de la noche en que partió, por señas llamándome con insistencia a su lado, me hizo repetir ciertos versos escritos por ella no muchos días antes. La obedecí… Eran éstos:

¡Oh! ¡Ésta es una noche de gala
en la nostalgia de los últimos años!
Una horda de ángeles, alados, se desploman
en velos, y ahogados en lágrimas,
se sientan en un teatro, para contemplar
una obra de esperanzas y temores,
mientras la orquesta exhala con intensa plenitud
la música de las esferas.

Miméticos, con la imagen de Dios en lo alto,
murmuran y susurran bajo,
Y acá y alrededor vuelan....
simples títeres, vienen y van
a la espera de inmensas cosas sin forma
turnan la escena de aquí para allá,
agitando sus alas de cóndor
¡Calamidad invisible!

¡Ese abigarrado drama!... ¡Oh, con seguridad,
no habrá de olvidarse!
Con su Fantasma perseguido siempre,
por una multitud que no lo alcanze,
a través de un círculo que retorna constante
a la misma y conocida marca,
y mucho de Locura y más de Pecado,
y Horror del alma en el trazo.

Pero mira, entre el vuelo mímico,
¡Una reptante forma llega, intrusa!
¡Roja como la sangre serpentea
la solitaria escena!

¡Se retuerce!... ¡Se retuerce!... con mortales penas
Los mimos entonces la alimentan

y los serafines sollozan ante larvarios colmillos
en humanos cruores imbuidos.

Apagadas... apagadas están las luces... ¡todas!
Y sobre cada forma temblorosa,
el telón, un fúnebre sudario,
cae con el paso acelerado de una tormenta
Y los ángeles, todos pálidos y cenicientos,
sublevados, develados, afirman
que la obra es la tragedia, "Hombre",
y su héroe es el Gusano Vencedor.

—Oh Dios! —medio chilló Ligeia, poniéndose en pie y extendiendo sus brazos hacia arriba con un movimiento espasmódico, mientras yo daba fin a esos versos—. ¡Oh Dios! ¡Oh Divino Padre!... ¿Deben estas cosas ser tan inevitables?... ¿Debe este Vencedor no ser ni una vez vencido? ¿No somos parte y propiedad de ti? ¿Quién... quién conocerá los misterios de la voluntad y su vigor? El hombre no se rinde a los ángeles, *ni a la muerte por entero*, salvo a través de la flaqueza de su débil voluntad.

Y ahora, como agotada por la emoción, permitió a sus blancos brazos caer, y regresó solemne a su lecho de muerte. Y conforme exhalaba sus últimos suspiros, brotaba, mezclado con ellos, un tenue murmullo de sus labios. Rendí a ellos mi oído y distinguí, nuevamente, las concluyentes palabras del pasaje de Glanvill: *"El hombre no se rinde a los ángeles, ni a la muerte por entero, salvo a través de la flaqueza de su débil voluntad."*

Murió; y yo, subyugado dentro del mismo polvo del dolor, no podía aguantar más la solitaria desolación de mi residencia en la lánguida y decrépita ciudad cercana al Rhin. No carecía de lo que el mundo llama fortuna. Ligeia me había dado mucho más, muchísimo más de lo que por lo común cae en manos mortales. Después de unos meses, por lo tanto, de cansados e inútiles andares, compré y reparé una abadía, que no nombraré, en una de

113

las más silvestres y menos frecuentes zonas de la favorable Inglaterra. La lúgubre y melancólica grandeza del edificio, el casi salvaje aspecto de la propiedad, las muchas melancolías y los venerables recuerdos conectados con ambos, estuvieron muy en concordancia con los sentimientos de absoluto abandono que me codujeran a aquella remota y poco sociable región del país. Sin embargo, aunque el exterior de la abadía, con su colgante y deteriorado verdor, sufrió muy pocas alteraciones, me las arreglé, con una perversidad infantil, y tal vez con la tímida esperanza de aliviar mis sufrimientos, a desplegar en su interior una magnificencia más que regia... Por tales insensateces, incluso en la niñez, tuve impregnado el gusto y ahora volvían a mí como si fuera el dolor de la segunda infancia. ¡Ay, ahora incluso percibo cuánto de locura incipiente se podría descubrir en los tapizados espléndidos y fantásticos, en las solemnes tallas de Egipto, en los extraños muebles y cornisas, en los lunáticos esquemas de las alfombras con borlas de oro! Me había transformado en un agradecido esclavo atrapado en el opio, y mis trabajos y mis órdenes tomaron el colorido de mis sueños. Pero en estas cosas absurdas no debo detenerme a detallar. Déjenme hablar sólo de aquella única cámara, siempre maldita, donde en un momento de enajenación mental conduje hasta el altar como a mi esposa —como a la sucesora de la inolvidable Ligeia— a la de cabellos dorados y azules ojos, a lady Rowena Trevanion, de Tremaine.

No hay una sola porción de la arquitectura y la decoración de aquella cámara nupcial que no se muestre ahora visible frente a mí. ¿Dónde estaban las almas de la altiva familia de la novia, cuando, gracias a su sed de oro, le permitieron pasar el umbral de un apartamento tan ornamentado, a una doncella y una hija tan querida? He dicho que minuciosamente recuerdo los detalles de la cámara... pero soy un triste olvidadizo en temas de profunda importancia... y aquí no había sistema, ningún obstáculo, en la fantástica exhibición, que pudiera aferrarse a la memoria. El cuarto yacía en una alta torre de la fortificada abadía, era pentagonal en forma, y de amplia capacidad. Ocupando el total de la cara sur del pentágono estaba una única ventana... una inmensa hoja de irrompible cristal de Venecia... de una sola pieza, y matizada con tono plomizo, para que los rayos del sol o la luna, al atravesarlo, cayeran con un lustre espectral sobre los objetos. Sobre la porción superior de esta gran ventana se extendía la urdimbre de una enredadera anciana, que trepaba las masivas paredes del mirador. El cielo raso, de lúgubre roble, era excesivamente alto, abovedado y tallado con esmero con los más extravagantes y grotescos especímenes de un diseño semigótico, semidruídico. Desde el mismo centro de esta melancólica bóveda, pendía, por una sola cadena de oro de largos eslabones, un incensario enorme del mismo metal, sarraceno en estilo, y con muchas perforaciones tan ingeniosas que de allí, retorciéndose fuera y dentro, como contagiadas por una vitalidad ofídea, partía una sucesión continua de llamas multicolores.

Unas pocas otomanas y candelabros de oro, de silueta oriental, estaban dispuestos en varios niveles alrededor... y había un lecho, también —un lecho matrimonial—, de modelo indio, bajo, y esculpido en sólido ébano, con un pabellón arriba como mortaja. En cada uno de los ángulos de la cámara se erguía un gigantesco sarcófago de granito negro, de las tumbas de los reyes cercanas a Luxor, con sus vetustas tapas saturadas de inmemoriales esculturas. Pero en los tapices del apartamento yacía, ¡ay! la mayor fantasía de todas. Las elevadas paredes, gigantescas en altura... incluso desproporcionadas... lucían colgando desde la cumbre hasta el piso, en vastos pliegues, pesados y masivos tapices... tapices de un material que se antojaba similar a la alfombra sobre el piso, a la cobertura de las otomanas y al lecho de ébano, al pabellón para el lecho, y a las espléndidas volutas de las cortinas que en parte ensombrecían la ventana. El material era del más rico paño de oro. Se extendían, a intervalos irregulares, arabescas figuras de un pie de diámetro, tejidas sobre el paño en esquemas del más negro azabache. Pero estas figuras mostraban el verdadero carácter del arabesco sólo cuando se observaban desde un cierto y único punto de vista. Por un artificio ahora común, y en verdad rastreable hasta un muy remoto periodo de antigüedad, eran transformables en aspecto. Para quien entrara al cuarto, estaba la aburrida apariencia de simples monstruosidades; pero tras un mayor avance, este aspecto de manera gradual se esfumaba; y paso a paso, mientras el visitante se movía en la cámara, se veía a sí mismo rodeado por una sucesión interminable de formas espectrales que pertenecen a la superstición del normando o provienen de los sueños culpables del monje. El fantasmagórico efecto era vastamente aumentado por la introducción artificial de una fuerte y continua corriente de viento desde atrás de los tapizados... proporcionando una horrenda e inquietante animación a la totalidad.

En habitaciones como ésta... en una cámara nupcial como ésta... pasé, con la dama de Tremaine, las sacrílegas horas del primer mes de nuestro matrimonio... las pasé con sólo una poca inquietud. Que mi esposa temió la fiera disposición de mi temperamento... que me huía y amaba poco... no podía evitar percibirlo; pero me proporcionaba placer en lugar de otras cosas. La detesté con un odio más acorde a un demonio que a un hombre. Mi memoria retrocedió, (¡oh, con qué intensos lamentos!) a Ligeia, la amada, la augusta, la hermosa, la sepultada. Me entretenía en recuerdos de su pureza, de su sapiencia, de su superior y etérea naturaleza, de su apasionado e idólatra amor. Entonces, mi espíritu entero y libre ardía con mayor energía que todos los fuegos de ella. En la excitación de mis sueños opiáceos (porque estaba encadenado con los grilletes del hábito a la droga), la llamé en voz alta por su nombre, durante el silencio de la noche o en los escondidos retiros de los valles en el día, como si, a través de la salvaje impaciencia, la solemne pasión, el aniquilante ardor de mi anhelo por la desaparecida, pudiera reintegrarla al sendero que había abandonado —¿ah, *podría* ser para siempre?— en la tierra.

Al principio del segundo mes de matrimonio, lady Rowena fue atacada por una súbita enfermedad, y su recuperación era lenta. La fiebre que la consumía doblegó sus noches intranquilas; y en su perturbada etapa de semisueño, ella habló de sonidos y movimientos, dentro y fuera de la cámara de la torre, mismas que concluí no tenían otro origen salvo el trastorno de su fantasía, o quizá en la fantasmagórica influencia de la cámara misma. Estuvo largo tiempo convaleciente... y al fin bien. Sin embargo, transcurrido un breve periodo, un segundo y más violento desorden la arrojó de nuevo sobre un lecho de sufrimiento; y desde este ataque su constitución, siempre endeble, nunca se recuperó por entero. Sus enfermedades eran, después de esta época, de carácter alarmante, y más alarmante su reincidencia, desafiando por igual el conocimiento y los grandes esfuerzos de sus médicos. Con el aumento de la enfermedad crónica que había, en apariencia, tomado seguro asidero sobre su constitución para ser erradicada por medios humanos, no pude dejar de observar un incremento similar en la irritación nerviosa de su temperamento, y en la excitación causada por miedos triviales. Otra vez hablaba, y ahora con más frecuencia y tenacidad, de los sonidos... de los débiles sonidos... y de los inusitados movimientos entre los tapices, de los que ya hablara con anterioridad.

Una noche, hacia el fin de septiembre, presionó con este angustioso tema con más énfasis del usual. Acababa de despertar de un inquietante sueño y yo había observado, con sentimientos en parte de inquietud, en parte de un vago terror, los cambios en su enjuto rostro. Me senté a un lado de su lecho de ébano, sobre una de las otomanas de la India. Se medio incorporó y habló, en un ferviente y tenue susurro, de sonidos que escuchaba *entonces*, pero que yo no podía oír... de los movimientos que veía *entonces*, pero que yo no podía percibir. El viento corría apresurado detrás de los tapices y yo deseaba mostrarle (lo que, déjenme confesarlo, no del todo podía creer) que esos casi inarticulados suspiros, y esas muy delicadas variaciones de las figuras sobre la pared, eran sólo los efectos naturales de los acostumbrados flujos del viento. Pero una mortal palidez, distendiéndose en su cara, me demostró que mis esfuerzos para tranquilizarla serían inútiles. Parecía desmayar, y ningún asistente estaba al alcance de la voz. Recordé dónde fue depositado el frasco de vino liviano que fuera recetado por sus médicos, y aceleré el paso a través de la cámara para conseguirlo. Pero, mientras caminaba bajo la luz del incensario, dos circunstancias de sorprendente naturaleza atrajeron mi atención. Sentí que algún palpable aunque invisible objeto había pasado con suavidad por mi persona; y vi que allí sobre la áurea alfombra, en el mismo centro del opulento brillo que arrojaba el incensario, yacía una sombra… una desmayada, indefinida sombra de aspecto angélico… tal como podría imaginarse la sombra de una sombra. Pero estaba arrebatado por la excitación de una inmoderada dosis de opio y medité muy poco estas cosas, tampoco hablé al respecto con Rowena. Al encontrar el vino atravesé la cámara y escancié una copa, que retuve en los labios de la desmayada dama. Parcial fue su recuperación, sin embargo, se apoderó del vaso, mientras yo me hundía en la otomana cercana a mí, con mis ojos aferrados a su persona. Fue entonces cuando con clara conciencia me percaté de un suave paso sobre la alfombra, cerca del lecho; y en un segundo instante, mientras Rowena estaba en el acto de llevar el vino a sus labios, vi o soñé que vi caer dentro de la copa, como desde alguna invisible serpentina en la atmósfera de la sala, tres o cuatro grandes gotas de un brillante y coloreado fluido rubí. Si esto vi… no sucedió lo mismo con Rowena. Ingirió el vino sin dudar, y me abstuve de hablarle de una circunstancia que debía, después de todo, ser considerada sólo como la sugestión de una vívida imaginería, morbosamente activada por el terror de la dama, por el opio y por la hora.

Sin embargo, no puedo ocultar a mi propia percepción que, de inmediato, luego de la caída de las gotas rubí, un cambio rápido y negativo tuvo lugar en el desorden de mi esposa; tan así que, en la tercera noche subsecuente, las manos de su servidumbre la prepararon para la tumba, y en la cuarta, me senté solo, con su amortajado cuerpo, en aquella fantástica cámara que la había recibido como a mi esposa… Salvajes visiones, engendros de opio, flotando, siluetas de sombras, ante mí. Observé con inquieto ojo los sarcófagos en los ángulos del cuarto, las figuras variantes del tapizado y el serpenteo de los multicolores fuegos arriba en el incensario. Mis ojos entonces cayeron, mientras recordaba las circunstancias de la noche anterior, en el sitio bajo el fulgor del incensario donde distinguiera los tímidos rastros de la sombra. Allí, no obstante, no había nada; y respirando con mayor libertad, regresé mis miradas a la pálida y rígida figura sobre el lecho. Entonces se precipitaron sobre mí miles de recuerdos de Ligeia… y luego volvió sobre mi corazón, con la turbulenta violencia de una inundación, la totalidad del indescriptible dolor con que la observara a *ella* en su sudario. La noche avanzaba y todavía, con el interior repleto de amargos pensamientos de la única y supremamente amada, permanecí mirando el cuerpo de Rowena.

Debió ser medianoche o quizá más temprano, o tarde, porque no llevé registro del tiempo, cuando un sollozo, bajo, suave, pero muy nítido, me sacó de mi arrobamiento… Sentí que venía del lecho de ébano… del lecho de muerte. Escuché con la agonía del terror supersticioso… pero no hubo repetición del sonido. Forcé mi vista para detectar cualquier movimiento en el cadáver… no hubo la más tenue percepción. Sin embargo, no podía haberme engañado. Había escuchado el ruido, casi inaudible y mi alma se despertó dentro de mí. Decidido y perseverante mantuve mi atención aferrada sobre el cuerpo. Muchos minutos transcurrieron antes de que cualquier circunstancia aconteciera y arrojara una luz sobre el misterio. A la distancia fue evidente que un ínfimo, endeble y apenas perceptible tinte de color fluía en las mejillas, y a lo largo de las pequeñas y hundidas venas de los párpados. A través de una suerte de indecible horror y espanto, para los que el idioma de la mortalidad no tiene expresión suficientemente enérgica, sentí a mi corazón dejar de latir, a mis extremidades ponerse rígidas aún sentado. Pero un sentido del deber operó al fin para restaurar mi integridad. No podía dudar más de la precipitación en nuestros preparativos… de que Rowena aún vivía. Era necesario que algún esfuerzo inmediato se realizara; pero la torre estaba del todo apartada de la porción de la abadía ocupada por los sirvientes... no había ninguno al alcance de mis llamadas... no tenía medio alguno de convocarlos en mi ayuda sin dejar el cuarto por varios minutos... y no podía aventurarme a esto. Por lo tanto luché solo en mis empeños por llamar de vuelta al enfermo y flotante espíritu. En un corto periodo fue seguro, sin embargo, que una recaída había tenido lugar; el color desapareció de ambos párpados y mejillas, dejando una palidez mayor a la del mármol; los labios se volvieron el doble de arrugados y apretados en la espectral expresión de la muerte; una repulsiva humedad fría se extendió con rapidez por la superficie del cuerpo; y toda la usual rigidez cadavérica sobrevino de inmediato. Me dejé caer con un temblor sobre el sofá de donde fui levantado con tanta sorpresa, y de nuevo me entregué a las apasionadas visiones de Ligeia.

Una hora transcurrió cuando (¿puede ser posible?) por segunda ocasión me percaté de un vago sonido emitido desde la zona del lecho. Escuché... al extremo del horror. El sonido volvía... era un suspiro. Corriendo hacia el cadáver, vi —con claridad vi— un temblor en los labios. En el minuto posterior se relajaron, revelando una brillante línea de perlados dientes. El asombro ahora luchaba en mi interior con el profundo pavor que hasta entonces reinara solo. Sentí que mi visión se nublaba, que mi razón erraba; y fue sólo por un violento esfuerzo que al fin triunfé en armarme de valor para realizar la tarea que el deber una vez más me señalaba. Había ahora un resplandor parcial sobre la frente y la mejilla y la garganta; una calidez sensible invadía toda su estructura; incluso se distinguía una débil pulsación en el corazón. La dama vivía; y con ardor redoblado me entregué a la tarea de la resurrección. Froté y bañé las sienes y las manos, y utilicé cada esfuerzo que la experiencia, y las no pocas lecturas médicas, podrían sugerirme. Pero en vano. De repente, el color huyó, la pulsación cesó, los labios reasumieron la expresión de la muerte, y un instante después el cuerpo entero adquirió la helada frialdad, el lívido matiz, la intensa rigidez, el hundido contorno y todas las peculiaridades aborrecibles de quien ha sido, por muchos días, un huésped de la tumba.

Y otra vez me hundí en visiones de Ligeia… otra vez (no es sorprendente que tiemble mientras escribo), *otra vez* llegó a mis oídos un tenue sollozo desde la región del lecho de ébano. ¿Pero por qué detallar con minuciosidad los indecibles horrores de esa noche? ¿Por qué detenerme a relatar cómo, una y otra vez, hasta la cercanía del gris amanecer, este hórrido drama de resurrección se repitió; cómo cada terrible recaída terminaba en una más rígida y en apariencia más irredimible muerte; cómo cada agonía revestía el aspecto de una lucha con algún enemigo invisible; y cómo cada lucha fue premiada con no sé qué extraños cambios en la apariencia personal del cadáver? Déjenme apresurar una conclusión.

La mayor parte de la espantosa noche había transcurrido, y ella, que estaba muerta, una vez más se removió… y ahora con más vigor que las anteriores, aunque se levantaba de una disolución más aplastante en su desesperanza que ninguna otra. Mucho hacía que dejara de luchar o de moverme, y permanecía rígido y sentado sobre la otomana, una indefensa presa del remolino de violentas emociones, en cuyos extremos era el pavor quizá el menos terrible, el que menos me consumía. El cadáver, repito, se removía, y ahora con más vigor que antes. Los matices de la vida fluían con insólita potencia en el rostro… las extremidades se relajaron… y, excepto por los párpados que se mantenían apretados con fuerza, y por los vendajes y prendas de la sepultura que todavía prestaban su osárico carácter a la figura, podía soñar que Rowena se había en verdad sacudido, por completo, las cadenas de la Muerte. Pero si esta idea no fue, entonces, del todo aceptada por mí, no pude ya sino dejar de dudar, cuando, levantándose del lecho, tambaleante, con débiles pasos, con cerrados ojos, y con los gestos de alguien perdido en un sueño, la cosa amortajada avanzó con decisión y certeza hacia el centro del apartamento.

No temblé… No me moví… pues una multitud de inenarrables fantasías conectadas con el porte, la estatura, el comportamiento de la figura, corrían aceleradas a través de mi cerebro, paralizándome... congelándome hasta ser piedra. No me moví... pero miré hacia la aparición. Había un loco desorden en mis pensamientos... un tumulto incontrolable. ¿Podría ser, de veras, la *viviente* Rowena quien me confrontaba? ¿Podía en verdad ser *del todo* Rowena... la de cabellos dorados y azules ojos, lady Rowena Trevanion, de Tremaine? ¿Por qué, *por qué* tenía que dudarlo? El vendaje seguía colocado con fuerza sobre la boca... ¿Pero entonces podría no ser la boca de la respirante dama de Tremaine? Y las mejillas... allí estaban rosas como en la cima de su vida... sí, estas podrían en verdad ser las preciosas mejillas de la viviente dama de Tremaine. ¿Y la barbilla, con sus hoyuelos, como en salud, podría no ser la suya?... pero *¿había entonces crecido más desde su enfermedad?* ¿Qué locura inenarrable me dominó con ese pensamiento? Un salto, ¡y había alcanzado sus pies! Encogiéndose por mi toque, dejó caer de su cabeza, sueltas, las espectrales vendas que la habían envuelto, y así fluyeron libres, en la inquietante atmósfera de la cámara, grandes masas de largo y desordenado cabello; *¡era más negro que las alas del cuervo de la medianoche!* Y entonces con lentitud se abrieron los ojos de la figura que estaba ante mí. "En esto, por lo menos", grité fuerte, "nunca... nunca podré estar equivocado... Estos son los grandes, los negros y vehementes ojos... de mi perdido amor... los de lady... los de LADY LIGEIA."

LA CAÍDA DE LA CASA USHER

Son coeur est un luth suspendu;
Sitôt qu'on le touche il résonne.

DE BÉRANGER

Durante todo un lento, oscuro, triste y silencioso día de otoño, cuando las nubes colgaban opresivamente en lo bajo del cielo, había atravesado solo, en la grupa del caballo, una región de singular monotonía del país y a la distancia me encontré, mientras las sombras del atardecer se esparcían, inmerso en la visión de la melancólica Casa Usher. Desconozco como fue… pero con el primer vistazo al edificio, un sentimiento de insufrible tristeza invadió mi espíritu. Digo insufrible porque no lo mitigaba cualquiera de esos sentimientos semiagradables, por ser poéticos; sentimientos que por lo común permiten a la mente recibir incluso las crueles imágenes naturales de la desolación o lo terrible. Miré hacia la escena que ante mí tenía —hacia la casa y los simples trazos del panorama que ofrecía el dominio, hacia las desoladas paredes, hacia las ventanas como cuencas oculares vacías, hacia unas pocas hileras de juncos, hacia unos cuantos troncos blancos de árboles decrépitos— con una incalificable depresión del alma que no puedo comparar a ninguna sensación terrena más propia, que al momento post-onírico revelado al fumador de opio, el mordiente lapso de vuelta a lo cotidiano, la odiosa caída del velo. Había un congelarse, un abatimiento, una enfermedad del corazón… un irremediable desánimo de pensamiento que ningún impulso de la imaginación podía desviar hacia forma alguna de lo sublime. ¿Qué era eso —me detuve a pensar—, qué era eso que tan desalentado me dejaba en la contemplación de la Casa Usher? Era un misterio del todo irresoluble; tampoco podía luchar con las oscuras imaginerías que me impregnaban en tanto discernía. Me vi forzado a rendirme tras la insatisfactoria conclusión de que, más allá de la duda, *hay* combinaciones de variados y simples objetos que tienen el poder de afectarnos, pese a que el análisis de estos poderes yace entre las consideraciones que están más allá de nuestra capacidad. Era posible, reflexioné, que una simple y distinta ordenación de las partículas de la escena, de los detalles de la pintura, fuera suficiente para modificar o quizá aniquilar su capacidad de imprimir dolor; y, actuando bajo esta idea, conduje a mi caballo hacia el abrupto filo de un negro y agresivo lago que permanecía con imperturbable lustre junto a la casa, miré hacia abajo —pero con un estremecimiento incluso más inquietante que el anterior— hacia las remodeladas e invertidas imágenes de los grises juncos, los hórridos cuerpos de los árboles y el vacío de las ventanas como cuencas oculares.

Sin embargo, en esta mansión de tristeza, ahora me proponía permanecer algunas semanas. Su propietario, Roderick Usher, había sido uno de mis alegres compañeros de infancia; pero ya transcurrían muchos años desde nuestro último encuentro. Una carta, no obstante, me llegó recientemente a una distante parte del país —una carta suya—, la cual, en su salvaje e inoportuna naturaleza, sólo admitía una respuesta personal. La misiva daba evidencias de una agitación nerviosa. El autor hablaba de una aguda enfermedad corporal —de un desorden mental que lo oprimía— y de un apasionado deseo de verme, como su mejor y, en verdad, entrañable amigo, con vistas a intentar, con la alegría de mi presencia, algún alivio a su aflicción. Fue la manera en que todo esto y mucho más fue dicho —fue el aparente *corazón* que vino en su solicitud—, lo que no me permitió ninguna duda; y yo, en concordancia, obedecí sin retraso lo que aún considero una muy singular petición.

Aunque, como niños, fuimos incluso íntimos compañeros, sabía poco de mi amigo. Su reserva era siempre excesiva y habitual. Estaba al tanto, pese a todo, de que su muy antigua familia se había destacado, desde tiempos inmemoriales, por su peculiar sensibilidad de temperamento, desenvolviéndose, a través de las épocas, en varios trabajos de exaltado arte, y manifestándose, en fechas recientes, en repetidos actos de beneficencia sin presunciones de caridad, así como en apasionadas devociones a lo intrincado, quizá incluso más allá de la ortodoxia y el fácil reconocimiento de la belleza, de la ciencia musical. Tuve que aprender, también, el muy remarcable hecho de que la estirpe de los Usher, siempre honorable como era, no había producido, en ningún periodo, ramas perdurables; en otras palabras, que la familia entera se sustentaba en la línea directa de sus descendientes y siempre, con insignificantes y muy temporales variaciones, fue así. Era esta deficiencia, reflexioné, mientras revisaba mentalmente la perfecta concordancia entre el carácter de la propiedad con el carácter atribuido a sus habitantes, especulando acerca de la posible influencia que la primera, a lo largo de las centurias, pudiera haber ejercido sobre los segundos; esta deficiencia, la falta de ramas colaterales y la consiguiente transmisión directa de padre a hijo, del patrimonio con el nombre, era la que, al fin, había llegado a identificar a los dos, al punto de fundir el título original de la propiedad en la antigua y equívoca apelación de "Casa Usher", nombre que parecía incluir, al menos entre los campesinos que lo empleaban, a ambos, la familia y la mansión familiar.

He dicho que el único efecto de mi, algo infantil, experimento —el de mirar abajo, en el estanque— había ahondado aquella primera y extraña impresión. No cabe duda de que la conciencia del rápido incremento de mi superstición —pues, ¿por qué no he de llamarle así?—, servía ante todo para acelerar su propio crecimiento. Tal es, lo sé desde hace tiempo, la paradójica ley de todos los sentimientos que tienen su origen en el terror. Y debió ser por esta sola razón que cuando elevé nuevamente los ojos hacia la casa desde su imagen en el estanque, surgió en mi mente una extraña fantasía... una fantasía tan ridícula, en verdad, que si la menciono es para mostrar la vívida fuerza de las sensaciones que me oprimían. Había trabajado tanto con mi imaginación que en realidad llegué a creer que alrededor de toda la mansión, el dominio y los lugares cercanos, flotaba una atmósfera peculiar... una atmósfera que no tenía ninguna afinidad con el aire del cielo, sino que se desprendía de los decrépitos árboles, los muros grises y el silencioso estanque... un pestilente y místico vapor, opaco, lánguido, apenas perceptible y de color plomizo.

Sacudí de mi espíritu lo que debía ser un sueño y examiné con más cuidado el verdadero aspecto del edificio. Su principal característica parecía ser su excesiva antigüedad. La decoloración producida por el tiempo era grande. Minúsculos hongos se extendían por toda la fachada, colgando en una fina e intrincada telaraña del alero. Pero todo esto estaba alejado de un extraordinario deterioro. Ninguna parte de la mampostería había caído, y parecía existir una extraña inconsistencia entre la aún perfecta adaptación de partes, y la ruinosa condición de las piedras individuales. Mucho de esto me recordaba la engañosa consistencia de viejos trabajos en madera que se han podrido por largo tiempo en algunas olvidadas catacumbas, sin la intervención del soplo del aire externo. Más allá de estos indicios de extensa ruina, su arquitectura daba mínimas muestras de inestabilidad. Quizá el ojo de un precavido observador pudiera descubrir una fisura de difícil percepción que, extendiéndose del techo del edificio en su frontispicio, atravesaba el muro en un zigzag, hasta perderse en las miasmáticas aguas del estanque.

Notando estas cosas, cabalgué por un corto y elevado camino hasta la casa. Un sirviente en espera se ocupó de mi caballo, y entré a la gótica bóveda del vestíbulo. Un valet, de paso sigiloso, desde ahí me condujo, en silencio, a través de varios oscuros e intrincados pasillos hasta el estudio de su amo. Mucho de lo que encontré en el camino contribuyó, no sé cómo, a incrementar los vagos sentimientos de que ya he hablado. Mientras los objetos a mi alrededor... las tallas en los techos, los sombríos tapices de las paredes, la oscuridad ébano de los pisos y los fantasmagóricos trofeos de armas que rechinaban a mi paso, eran cosas a las que, o a sus semejantes, estaba acostumbrado desde mi infancia —mientras dudaba en no reconocer qué familiar era todo esto— seguía maravillado de encontrar cuán ajenas eran las fantasías que esas imágenes comunes me generaban. En una de las escaleras conocí al doctor de la familia. Su rostro, pensé, tenía una expresión mezcla de baja astucia y perplejidad. Me saludó consternado y siguió de largo. El valet entonces abrió una puerta y me escoltó a la presencia de su amo.

El cuarto en que me encontré era muy amplio y alto; las ventanas eran largas, estrechas y ojivales, y estaban a tanta distancia del oscuro piso de roble que eran del todo inaccesibles desde el interior. Débiles rayos de ensangrentada luz se abrían paso a través de los enrejados cristales, y servían para apenas distinguir lo suficiente los más prominentes objetos de los cercanos alrededores, sin embargo, se esforzaban en vano por alcanzar los más remotos ángulos de la cámara, o los nichos del abovedado e inquietante techo. Oscuros tapices colgaban en las paredes. El mobiliario general era profuso, poco confortable, antiguo y ajado. Varios libros e instrumentos musicales yacían dispersos, pero fracasaban en proporcionarle alguna vitalidad a la escena. Sentía respirar una atmósfera de pena. Un aire de cruel, profunda e irredimible melancolía flotaba saturándolo todo.

Con mi entrada, Usher se levantó de un sofá en el que yacía del todo estirado, y me saludó con una vivaz calidez que tenía mucho, pensé al principio, de exagerada cordialidad… del obligado esfuerzo de un hombre de mundo ennuyé. Una mirada, sin embargo, a su rostro, me convenció de su perfecta sinceridad. Nos sentamos y, por algunos momentos, mientras él no hablaba, lo observé con un sentimiento en parte de piedad, en parte de admiración. De seguro, ino hubo nunca antes un hombre tan terriblemente cambiado, en tan corto periodo, como lo estaba Roderick Usher! Fue con dificultad que me hice admitir que la identidad del lánguido ser frente a mí era la misma del compañero de mi temprana infancia. Aunque la constitución de su cara fue desde siempre extraordinaria. Cadavérico en su tono de piel; ojos grandes, líquidos, y luminosos más allá de toda comparación; labios un tanto delgados y muy pálidos, pero de una sorpresiva belleza en su curvatura: una nariz de delicado tipo hebreo, pero con una apertura de fosas inusuales en similares formaciones; una barbilla de fino modelaje, que hablaba, en su escasez de prominencia, de una falta de energía moral; cabello más que semejante a telaraña en suavidad y sutileza; estos rasgos, con una poco habitual expansión sobre las sienes, componían unidos un rostro no fácil de olvidar. Y ahora en la mera exageración del predominante carácter de estos rasgos, y de la expresión que acostumbraban portar, resaltaba un cambio tan grande que dudé de a quién hablaba. La ahora hórrida palidez de la piel, el ahora milagroso resplandor de los ojos, sobre todas las cosas me sorprendía e incluso me espantaba. El sedoso cabello también había sufrido al crecer todo descuidado y, en su silvestre textura tenue, flotaba en lugar de caer alrededor de la cara; y yo no podía, incluso con esfuerzos, relacionar esa expresión como de arabescos con ninguna idea de simple humanidad.

En los modales de mi amigo encontré de inmediato una incoherencia... una inconsistencia; y pronto descubrí que se originaba de una serie de débiles y fútiles esfuerzos por sobreponerse a una habitual perturbación... a una excesiva agitación nerviosa. Para algo de esta naturaleza estaba, en verdad, preparado, no menos por su carta, que por reminiscencias de ciertos rasgos infantiles, y por conclusiones deducidas de su peculiar constitución física y su temperamento. Sus actos eran en alternancia vivaces y morosos. Su voz variaba con rapidez de una trémula indecisión (cuando el espíritu animal parecía en absoluta inactividad) a esa suerte de enérgica concisión —esa abrupta, pesada, lenta, y cavernosa enunciación— esa plomiza, autobalanceada y perfectamente modulada declaración gutural, que puede observarse en el borracho perdido o en el incorregible fumador de opio, durante los periodos de más intensa excitación.

Fue así que habló del objeto de mi visita, de su sincero deseo de verme, y del consuelo que esperaba yo le brindara. Me introdujo, en un largo lapso, en lo que él creía era la naturaleza de su enfermedad. Era, dijo, un congénito y familiar mal, uno por el que desesperaba en encontrar remedio… una mera afección nerviosa, agregó de inmediato, que sin duda pasaría pronto. Ésta se manifestaba en una multitud de sensaciones innaturales. Algunas de éstas, como él las detalló, me interesaron y confundieron; aunque, quizá, los términos y el estilo general de la narración le dieron ese peso. Sufría mucho de una mórbida agudeza en los sentidos; la más insípida comida era la única que soportaba; sólo podía vestir ropa de cierta textura; los aromas de todas las flores le resultaban opresivos: sus ojos eran torturados incluso por la más tenue luz; y sólo había peculiares sonidos, y éstos de instrumentos de cuerda, que no le inspiraban horror.

A una anómala especie de terror lo descubrí esclavizado. "Debo perecer", dijo, "*debo perecer* en esta deplorable locura. Así, así, y no de otra forma, me perderé. Temo los eventos del futuro, no en sí mismos, sino en sus resultados. Tiemblo al pensar en cualquier incidente, incluso el más trivial, que pueda operar sobre esta intolerable agitación del alma. No tengo, en verdad, aversión al peligro, excepto en su efecto absoluto… el terror. En esta desmoralizante… en esta miserable condición… siento que el momento, tarde o temprano, llegará cuando deba abandonar la vida y la razón juntas, en alguna lucha con ese implacable fantasma, *el miedo*."

Descubrí, también, a intervalos, y a través de rotas y equívocas insinuaciones, otra singular característica de su condición mental. Estaba encadenado por ciertas supersticiosas impresiones relativas a la casa en que habitaba, y de donde, por muchos años, jamás se aventurara a salir… relativas a una influencia cuya hipotética fuerza fue descrita en términos tan sombríos como para reproducirlos aquí… una influencia que algunas peculiaridades en la mera forma y sustancia de su mansión familiar, habían, por la presión de su larga estadía, dijo, obrado sobre su espíritu… un efecto que la apariencia *física* de las grises paredes y torres, que la oscuridad del estanque en que éstas se miraban, había, a la larga, obrado en la *moral* de su existencia.

Admitía, sin embargo, aunque con escepticismo, que gran parte de la peculiar melancolía que lo afligía podía ser rastreada hasta un más natural y mucho más palpable origen... hasta la grave y prolongada enfermedad... ante la evidencia de la cercana desaparición de una hermana tiernamente amada... su única compañía por largos años... su último y único pariente en la tierra. "Su deceso", decía con una amargura que jamás podré olvidar, "lo dejaría (a él, indefenso y frágil) como al último de la antigua raza de los Usher." Mientras hablaba, lady Madeline (porque así era llamada) atravesó con lentitud una remota porción de la habitación y, sin notar mi presencia, desapareció. La miré con absoluto asombro no desprovisto de miedo... y aún encuentro imposible relatar tales sentimientos. Una sensación de estupor me oprimía, mientras mis ojos seguían sus elusivos pasos. Cuando una puerta, a la distancia, se cerró tras ella, mi vista buscó instintiva y ansiosamente el rostro del hermano... pero él había enterrado su cara en las manos, y sólo pude percibir que una más que ordinaria palidez se extendía sobre los macilentos dedos, por entre los que goteaban copiosas lágrimas.

La enfermedad de lady Madeline desconcertaba hacía mucho la pericia de sus médicos. Una constante apatía, una gradual extenuación de su persona y frecuentes aunque transitorias afecciones de un parcial carácter cataléptico, eran el insólito diagnóstico. Hasta ahora ella había con firmeza resistido la presión de su mal, y no se resignaba a guardar cama; pero, hacia la caída de la tarde de mi llegada a la casa, ella sucumbió (como su hermano me contó esa noche con inenarrable agitación) al aplastante poder del destructor; y comprendí que el vislumbre que obtuviera de su persona podría probablemente ser el último que obtendría... que a la dama, por lo menos mientras viviera, ya no la vería nunca más.

En los días subsiguientes, su nombre no fue mencionado por Usher o por mí: y durante este periodo estuve ocupado en serios intentos por aliviar la melancolía de mi amigo. Pintamos y leímos juntos; o escuchaba, como en un sueño, las extrañas improvisaciones de su elocuente guitarra. Y así, mientras una más estrecha y constante intimidad me admitía sin reservas en lo recóndito de su espíritu, más amargamente percibía la futilidad de todos mis esfuerzos por animar una mente desde la cual la oscuridad, como si fuera una cualidad inherente positiva, se derramaba sobre todos los objetos del universo moral y físico, en una incesante radiación de melancolía.

Mantendré siempre un recuerdo de las muchas horas solemnes que pasé a solas con el dueño de la Casa Usher. Pero fracasaría en cualquier intento de transmitir una idea del exacto carácter de los estudios o de las ocupaciones en que él me involucraba, o los caminos a que me conducía. Una excitada y altamente enfermiza idealidad arrojaba un sulfuroso brillo sobre todo. Sus largas e improvisadas melodías fúnebres sonarán por siempre en mis oídos. Entre otras cosas, conservo dolorosa en la mente una cierta ampliada y perversa versión del aire extravagante del último vals de Von Weber. De las pinturas sobre las que su esmerada fantasía trabajaba y que crecían, pincelada a pincelada, en vaguedades que me hacían temblar con tanta emoción —porque temblaba al no saber por qué— de esas pinturas (tan vívidas que aún tengo sus imágenes frente a mí), en vano trataría de extraer siquiera una pequeña porción que no mintiera dentro del ámbito de las meras palabras escritas. Con la absoluta simplicidad, con la desnudez de sus diseños, atrapaba e intimidaba mi atención. Si algún mortal pintó una idea, ese mortal fue Roderick Usher. Para mí al menos... en las circunstancias que entonces me rodeaban... surgía de las puras abstracciones que el hipocondríaco lograba plasmar en su lienzo, una intensidad de intolerable terror cuya sombra nunca experimenté, aún en la contemplación de las en verdad brillantes, pero demasiado concretas, ensoñaciones de Fuseli.

Una de las fantasmagóricas concepciones de mi amigo, que compartía no tan rígidamente el espíritu de abstracción, puede esbozarse, aunque débilmente, en palabras. Un pequeño cuadro presentaba el interior de una inmensamente larga y rectangular cripta o túnel, con paredes bajas, lisas, blancas, y sin interrupción o decorado. Ciertos toques accesorios del diseño servían bien para transmitir la idea de que esta excavación se hallaba a excesiva profundidad bajo la superficie de la tierra. Ninguna salida se observaba en ninguna porción de su vasta amplitud, y ninguna antorcha u otra fuente artificial de luz era distinguible; sin embargo, un diluvio de intensos rayos se extendía alrededor y bañaba la totalidad en un espectral e impropio resplandor.

Acabo de hablar de que la mórbida condición del nervio auditivo hacía inaguantable toda la música al sufriente, con la excepción de ciertos efectos de instrumentos encordados. Quizá los estrechos límites a los que él mismo se había confinado con la guitarra, fue lo que dio vida, en gran medida, al carácter fantástico de sus realizaciones. Pero la ferviente *facilidad* de sus *impromptus* no podía así explicarse. Debían ser, y eran, las notas, así como también las palabras de sus extrañas fantasías (para él no era poco frecuente acompañarse a sí mismo con improvisaciones verbales rimadas), el resultado de ese intenso recogimiento y concentración mental a que he aludido anteriormente como sólo observable en los particulares momentos de la más alta excitación artificial. He recordado con facilidad las palabras de una de esas rapsodias. Fue, quizá, la que más fuertemente me impresionó mientras la ejecutaba, porque en la oculta o mística corriente de su significado, fantaseé que percibía, y por primera vez, una plena conciencia de parte de Usher, del tambalear de su elevada razón sobre su trono. Los versos, que se intitulaban "El palacio embrujado," decían muy cercana, si no precisamente, así:

I

En el más verde de nuestros valles,
  por buenos ángeles habitado,
el una vez justo y majestuoso palacio
  —radiante palacio— elevaba su cabeza.
  ¡En el dominio del monarca Pensamiento,
  se erguía!

Nunca serafín alguno dispuso un engrane
sobre fábrica la mitad de justa.

II

Banderas amarillas, gloriosas, áureas,
sobre su tejado flotaron y fluyeron;
(esto —todo esto— fue hace mucho,
en el antiguo tiempo)
Y cada sutil aire que jugaba,
en ese dulce día,
a lo largo de las murallas emplumadas y pálidas,
un alado aroma esparcía.

III

Vagabundos en ese feliz valle
A través de dos luminosas ventanas vieron
Espíritus moviéndose musicales
Al laúd bien templado en ley,
rondar sobre un trono, donde sentado
(¡pórfido!)
en pompa su gloria bien merecida,
el regidor del reino se veía.

IV

Y toda con perla y rubí reluciendo
estaba la justa puerta de palacio,
por donde venían flotando, flotando, flotando
y para siempre destellando,
una tropa de Ecos cuyo dulce deber
era sólo cantar,

en voces de sobrepasada belleza,
el ingenio y sapiencia de su rey.

V

Pero malignas cosas, en túnicas de duelo,
embistieron la alta hacienda del monarca;
(¡ah, déjanos pena, para que nunca la vida postrera
amanezca sobre él, desolado!)
Y, rondando sobre su hogar, la gloria
que ruborizó y floreció
es sólo una difusa historia
del viejo tiempo sepultado.

VI

Y viajeros ahora en ese valle,
a través de las rojizas ventanas ven
vastas formas que se mueven fantásticamente
en una discordante melodía;
mientras, cual rápido, espectral río,
a través de la pálida puerta,
una horrible horda huye para siempre,
y ríe… pues la sonrisa ha muerto.

Bien recuerdo qué sugerencias provinientes de esta balada nos
condujeron en un tren de pensamiento donde llegó a ser manifiesta una opinión de Usher que menciono, no tanto a causa de su
novedad (porque otros hombres tienen pensamientos así), como a
causa de la persistencia con que él la mantuvo. Esta opinión, en su
forma general, fue sobre la sensibilidad de todas las cosas vegetales.
Pero, en su desordenada fantasía, la idea había asumido un carácter más osado, y traspasado, bajo ciertas condiciones, el reino de lo
inorgánico. Carezco de palabras para expresar la completa ampli-

tud, o el desenfrenado *abandono* de su persuasión. La creencia, sin embargo, se conectó (como ya antes insinué) con las grises piedras de la casa de sus antepasados. Las condiciones para la sensibilidad habían sido aquí, imaginaba, completadas por el método de colocación de estas piedras —en el orden de su arreglo, así como también en el de los muchos hongos que allí se extendían, y en el de los decadentes árboles que permanecían alrededor— sobre todo en la prolongada resistencia inalterada de este arreglo, y en su reduplicación en las quietas aguas del estanque. Su evidencia —la evidencia de sensibilidad— era para ser vista, dijo (y aquí empiezo como él habló), en la gradual pero cierta condensación de una atmósfera propia sobre las aguas y las paredes. El resultado era distinguible, agregó, en esa silenciosa, inoportuna y terrible influencia que por siglos había moldeado los destinos de su familia, y que lo hicieron lo que ahora veía... lo que era. Las tales opiniones ningún comentario necesitan, y no haré ninguno.

Nuestros libros —los libros que, por años, formaron no una pequeña parte de la existencia mental del inválido— estaban, como podrá suponerse, en estricta armonía con este carácter fantasmal. Absortos y unidos en obras tales como el *Verver et Chartreuse* de Gresset; el *Belphegor* de Maquiavelo; *El cielo y el infierno* de Swedenborg; la *Travesía subterránea* de Nicholas Klim de Holberg; la *Quiromancia* de Robert Flud, de Jean d'Indaginé, y de De la Chambre; el *Viaje a la distancia azul* de Tieck; y La *Ciudad del sol* de Campanella. Un volumen favorito era una pequeña edición en octavo del *Directorium Inquisitorum*, del dominico Eymeric de Gironne; y había pasajes en Pomponius Mela, sobre los sátiros africanos y los egipanes, sobre los que Usher podía sentarse a soñar durante horas. Su delicia principal, sin embargo, fue encontrada en la lectura de un excesivamente raro y curioso libro gótico en cuarto —el manual de una iglesia olvidada— las *Vigilae Mortuorum Secundum Chorum Ecclesiae Maguntiae*.

No podía evitar el discurrir sobre el extraño ritual de este trabajo, y su probable influencia sobre el hipocondríaco, cuando, una tarde, habiéndome informado abruptamente que lady Madeline ya no existía, declaró su intención de conservar su cadáver una quincena, (antes de su entierro final), en una de las numerosas bóvedas dentro de las paredes principales del edificio. La profana razón, sin embargo, asignada para este singular proceder, fue una que no me sentí en libertad de discutir. El hermano llegó a este dictamen (así me lo dijo) por consideración al inusitado carácter de la enfermedad de la fallecida, por ciertas inoportunas y ansiosas preguntas de sus médicos, y por la remota y expuesta situación del cementerio de la familia. No negaré que cuando recordé la siniestra apariencia de la persona que encontrara en la escalera en el día de mi llegada a la casa, no tuve deseo alguno de oponerme a lo que yo consideraba, en el mejor de los casos, como una inofensiva y de ninguna manera innatural precaución.

A solicitud de Usher, personalmente lo ayudé en los arreglos para el temporal entierro. Con el cuerpo ya en el ataúd, a solas lo condujimos a su lugar de descanso. La bóveda en que lo colocamos (y que permaneciera cerrada por tanto tiempo que nuestras antorchas, medio sofocadas en su opresiva atmósfera, nos dieron poca oportunidad para la investigación) era pequeña, húmeda y carecía por completo de medios de entrada para la luz; yacía, a gran profundidad, justo bajo de la porción del edificio que era mi propio dormitorio. Se había usado, en apariencia, en remotos tiempos feudales, para peores propósitos que una mazmorra y, en días más recientes, como un lugar de depósito para pólvora o alguna otra sustancia de alta combustibilidad, porque una porción de su piso y todo el interior de un largo pasillo abovedado a través del que llegamos ahí, fueron cuidadosamente revestidos de cobre. La puerta, de masivo hierro, fue, también, en similar forma protegida. Su inmenso peso ocasionó un inusual, nítido y chirriante sonido, al moverse sobre sus goznes.

Habiendo depositado nuestra carga luctuosa sobre caballetes dentro de esta región de horror, parcialmente deslizamos la aún desatornillada tapa del ataúd, y observamos la cara del huésped.

Una llamativa similitud entre hermano y hermana atrapó en principio mi atención y Usher, adivinando, quizá, mis pensamientos, murmuró algunas pocas palabras por las que entendí que la difunta y él mismo eran gemelos, y que simpatías de una apenas inteligible naturaleza existieron siempre entre ellos. Nuestras miradas, sin embargo, descansaron poco sobre la muerta... porque no podíamos mirarla sin temor. La enfermedad que había así encriptado a la dama en la plétora de su juventud, había dejado, como es costumbre en todas las enfermedades de un carácter estrictamente cataléptico, la burla de un tímido rubor sobre el pecho y la cara, y esa sospechosa y prolongada sonrisa sobre los labios que es tan terrible en la muerte. Reacomodamos y atornillamos la tapa y, habiendo asegurado la puerta de hierro, empezamos a caminar, con pesadumbre, en los apenas menos lúgubres apartamentos de la porción superior de la casa.

Y ahora, habiendo transcurrido algunos días de amarga pena, un cambio notable resaltó en el aspecto del desorden mental de mi amigo. Su apariencia ordinaria se desvaneció. Sus ocupaciones comunes fueron descuidadas u olvidadas. Vagaba de cámara en cámara con paso apresurado, desigual y sin objetivo. La palidez de su rostro asumía, de ser posible, un matiz más espectral... y la luminosidad de sus ojos estaba totalmente perdida. La una vez ocasional ronquera de su tono no se escuchaba más; y un estremecimiento trémulo, como de extremo terror, caracterizó su habla de manera habitual. Había veces, en verdad, cuando pensaba que su agitada e incesante mente trabajaba en algún opresivo secreto, y que para divulgarlo se debatía buscando el coraje necesario. A veces, de nuevo, me veía obligado a interpretarlo todo como resultado de los simples e inexplicables caprichos de locura, porque lo descubría mirando el vacío por largas horas, en una actitud de la más profunda atención, como si escuchara algún sonido imaginario. No era sorprendente que su condición me aterrorizara.... con la posibilidad de contagiarme. Sentía arrastrarse sobre mí, en lentos y seguros grados, las extrañas influencias de sus fantásticas pero impresionantes supersticiones.

Fue particularmente después de retirarme tarde a la cama, en la noche del séptimo u octavo día luego de haber depositado a lady Madeline dentro de la cripta, cuando experimenté el pleno poder de tales sentimientos. El sueño no se acercó a mi lecho… mientras las horas pasaban y pasaban de largo. Pugnaba por discernir el nerviosismo que me dominaba. Me empeñaba en creer que mucho, si no todo el que sentía, se debía a la desconcertante influencia de los lúgubres muebles de la sala… de los oscuros y andrajosos tapices que, obligados al movimiento por el hálito de una naciente tempestad, arrastrados con irregularidad de aquí para allá sobre las paredes, susurraban de modo inquietante sobre las decoraciones de la cama. Pero mis esfuerzos eran estériles. Un irreprimible temblor gradualmente invadió mi ser; y, a la larga, allí sobre mi mismo corazón se depositó una pesadilla de total e injustificada alarma. Sacudí con luchas y jadeos todo esto, me levanté sobre las almohadas y, escudriñando con reserva dentro de la intensa oscuridad de la cámara, escuché —no sé por qué, a menos que un instintivo espíritu me impulsara— ciertos bajos e indefinibles sonidos que llegaban, a través de las pausas de la tormenta, a largos intervalos, de no sé donde. Sobrepasado por un intenso sentimiento de horror, inexplicable pero insufrible, jalé mis ropas con presteza (porque sentí que no debía dormir más durante la noche), y esforzándome por levantarme de la lamentable condición en que había caído, rondé con rapidez de un lado a otro de la habitación.

Había dado pocas vueltas de esta manera, cuando un tenue paso sobre una escalera adyacente capturó mi atención. De inmediato lo reconocí como el de Usher. En un instante después llamó, con un toque cortés, a mi puerta, y entró, sosteniendo una lámpara. Su rostro era, como de costumbre, pálido como un cadáver —pero, además, una suerte de loca hilaridad estaba presente en sus ojos— y una evidente y restringida histeria dominaba su comportamiento entero. Su aire me pasmó… pero cualquier cosa era preferible a la soledad que tanto soportara, e incluso acogí su presencia como un alivio.

—¿Y no lo has visto? —dijo con brusquedad, después de mirar alrededor suyo por algunos momentos en silencio—. ¿Entonces no lo has visto?... pero quédate, lo verás —hablando así, y protegiendo con cuidado su lámpara, se apresuró hacia una de las ventanas, y la abrió por entero a la tormenta.

La impetuosa furia de la entrante ráfaga casi nos levantó del suelo. Era, en verdad, una tempestuosa pero extrictamente hermosa noche, extraña y singular en su terror y su belleza. Un torbellino cobraba fuerza al parecer en nuestra vecindad; porque había alteraciones frecuentes y violentas en la dirección del viento; y la densidad excesiva de las nubes (que colgaban tan bajas como para presionar sobre las torres de la casa) no nos impedía percibir la viva velocidad con que volaban presurosas desde todos los puntos, y chocaban, una contra otra, sin perderse en la distancia. Digo que aun su excesiva densidad no impidió nuestra percepción de esto... sin embargo, no teníamos indicio de la luna o las estrellas... tampoco hubo destello alguno del relámpago. Pero bajo las superficies de las enormes masas de agitado vapor, así como sobre todos los objetos terrestres que nos rodeaban en la inmediatez, fulguraba una sobrenatural luz que provenía de una débilmente luminosa y claramente visible exhalación gaseosa que colgaba alrededor de la mansión y la amortajaba.

—No puedes... ¡no debes contemplar esto! —dije, estremeciéndome, a Usher, mientras lo conducía, con una suave violencia, de la ventana al asiento—. Estas apariencias, que te confunden son meros fenómenos eléctricos frecuentes... o puede que tengan su espectral origen en el denso miasma del estanque. Permitámonos cerrar esta ventana... el aire enfría y es peligroso para tu organismo. Aquí está uno de tus romances favoritos. Lo leeré, y escucharás... y así, juntos, dejaremos atrás esta terrible noche.

El antiguo volumen que tomé era el *Mad Trist* de sir Launcelot Canning; pero lo llamé el favorito de Usher más en triste broma que en serio porque, en verdad, hay poco en su tosca, no censurada e imaginativa prolijidad que pueda interesar a la elevada e ideal espiritualidad de mi amigo. Era, sin embargo, el único libro que estaba al alcance de la mano; y concedí una vaga esperanza de que la excitación que ahora agitaba al hipocondríaco, podría encontrar alivio (porque la historia del desorden mental está llena de anomalías similares) incluso en las extremas locuras que debería leer. De haber juzgado, en verdad, por el extraño y tenso aire de vivacidad con que él escuchaba o aparentemente escuchaba, las palabras de la historia, bien podría haberme felicitado por el éxito de mi idea.

Había llegado al bien conocido fragmento de la historia donde Ethelred, el héroe del Trist, habiendo buscado en vano la pacífica entrada en la residencia del ermitaño, procede a realizar una entrada por la fuerza. Aquí, se recordará, las palabras de la narrativa fluyen así:

"Y Ethelred, quien era por naturaleza de masivo corazón, y quien ahora era fuerte, a causa del poderío del vino con que se emborrachara, no esperó más mantener parlamento con el ermitaño, quien estaba en obstinado y maléfico momento; pero sintiendo la lluvia sobre sus hombros y temiendo la creciente de la tempestad, levantó completamente su maza y, a golpes, hizo rápidamente hueco en los tablajes de la puerta para su enguantada mano; y tirando de allí con tenacidad, así crujió y desgarró, y saltó todo en pedazos, que y el ruido seco y hueco de la madera alarmó y repercutió a través del bosque."

Al término de esta frase me sobresalté, y por un momento, me detuve; porque me pareció (aunque de inmediato concluí que mi excitada fantasía me engañaba)... me parecía que, desde alguna muy remota porción de la morada, venía, confuso, a mis oídos, lo que debió ser, en su exacta similitud de carácter, el eco (pero uno sofocado y embotado, por cierto) del mismo crujir y desgarrar que sir Launcelot había descrito tan bien. Era, sin duda, la sola coincidencia la que capturara mi atención; porque, entre el batir de los marcos de las ventanas, y los ordinarios ruidos provenientes de la todavía acrecentada tormenta, el sonido, en sí, no tenía nada que pudiera interesarme o perturbarme. Continué la historia:

"Pero el buen campeón Ethelred, ahora entrando por la puerta, fue dolorosamente enfurecido y asombrado al no percibir ninguna señal del maléfico ermitaño; en lugar de eso, encontró un dragón de apariencia escamosa y prodigiosa, y de una lengua ardiente, que permanecía en guardia frente a un palacio de oro, con piso de plata; y sobre la pared colgaba un escudo de brillante bronce con esta leyenda inscrita...

Quien entrare aquí, un conquistador habrá sido;
Quien sojuzgare al dragón, el escudo habrá ganado.

Y Ethelred levantó su maza y golpeó sobre la cabeza del dragón, quien cayó a sus pies y liberó su pestilente hálito, con un chillido tan horrible y áspero, y con todo tan penetrante, que Ethelred fue obligado a tapar sus oídos con las manos en contra de ese terrible ruido, como nunca antes fuera escuchado."

Aquí nuevamente me detuve abruptamente, y ahora con un sentimiento de extraño asombro, porque no podía haber duda alguna de que, en este caso, en realidad escuchaba (aunque descubrí imposible definir desde qué dirección procedía) un bajo y en apariencia distante, pero áspero, prolongado, el más inusual grito o chirriante sonido... la exacta contraparte de lo que mi fantasía había ya conjurado para el sobrenatural lamento del dragón descrito por el novelista.

Oprimido, como, en verdad estaba, al ocurrir la segunda y la más extraordinaria coincidencia, por mil sensaciones conflictivas, en que la maravilla y el extremo terror eran predominantes, aún retuve la suficiente claridad de mente para evitar afligir, por cualquier observación, el sensible nerviosismo de mi compañero. De ninguna manera estaba seguro de que él hubiera notado los sonidos en cuestión; aunque un extraño cambio, durante los últimos y breves minutos, había tenido lugar en su comportamiento. Desde una posición frente a mí, había poco a poco girado su silla, para sentarse de frente a la puerta de la cámara; y así sólo de manera parcial podía percibir sus rasgos; sin embargo vi que sus labios temblaban como si, inaudible, murmurara. Su cabeza había descendido sobre su pecho... supe que no estaba dormido, por la abertura amplia y rígida de sus ojos que capté al dar una mirada a su perfil. El movimiento de su cuerpo, también, estaba en desacuerdo con esta idea, pues se mecía de lado a lado con un suave pero constante y uniforme vaivén. Después de notar todo esto, reanudé la narración de sir Launcelot, que así continuaba:

"Y ahora, el campeón, habiendo escapado de la furia terrible del dragón, pensando en el escudo de bronce, y en romper el encantamiento que lo envolvía, quitó el cadáver del camino, y acercóse valerosamente sobre el plateado pavimento del castillo adonde el escudo colgaba de la pared; el cual no aguardó su completa llegada, sino que cayó a sus pies sobre el piso de plata, con un sonido potente, grande y terrible de campana."

Apenas habían pasado estas sílabas por mis labios, cuando como si de veras un escudo de bronce, al momento, hubiera caído pesadamente sobre un piso de plata, me percaté de un claro, hueco, metálico y campanesco, pero en apariencia amortiguado retumbar. Por completo acobardado, me puse de pie; pero el mesurado movimiento bamboleante de Usher permaneció inalterado. Me precipité a la silla en la que estaba. Sus ojos miraban con firmeza al frente, y a lo largo de todo su rostro reinaba una rigidez pétrea. Pero, mientras depositaba mi mano sobre su hombro, un fuerte temblor se apoderó por entero de su persona; una sonrisa enfermiza tembló sobre sus labios y vi que hablaba en un bajo, apresurado y galimático murmullo, como si estuviera inconsciente de mi presencia. Inclinándome sobre él, muy cerca, al fin bebí de la horrenda significación de sus palabras.

—¿No lo oigo? Sí, lo oigo, y lo he oído. Largo... largo... largo tiempo... muchos minutos, muchas horas, muchos días, tiene que lo he oído... pero no me atrevía... ioh, compadécete de mí, miserable desdichado que soy! No me atreví... *No me atreví a hablar!* ¡La depositamos viva en la tumba! ¿No te dije que mis sentidos eran agudos? Ahora te digo que oí sus primeros, débiles movimientos en el hueco ataúd. Los oí... hace muchos, muchos días... pero no me atreví... ¡No me atreví a hablar! Y ahora... esta noche... Ethelred... ¡ja! ¡ja!... ¡La puerta rota de la ermita, y el grito de agonía del dragón y el estruendo del escudo!... ¡Digamos más bien el ruido del féretro al rajarse, y el chirrido de los férreos goznes de su prisión y su horrenda lucha en el pasillo abovedado de cobre! ¡Oh! ¿A dónde huir? ¿No estará aquí pronto? ¿No llega para reprocharme mi prisa? ¿No he oído sus pasos en la escalera? ¿No distingo el pesado y horrible latido de su corazón? ¡Insensato! —diciendo esto se puso furiosamente en pie y aulló sus sílabas como si en aquel esfuerzo suprema exhalara el alma—. *¡Insensato! ¡Te digo que ella está ahora detrás de la puerta!*

Y en ese mismo instante, como si la energía sobrehumana de su palabra hubiese adquirido la potencia de un hechizo, las grandes y antiguas hojas de la puerta que Usher señalaba, entreabrieron lentamente sus pesadas mandíbulas de ébano. Era aquello obra de un furioso golpe de viento, pero en el marco de aquella puerta se encontraba entonces la alta figura de lady Madeline Usher, envuelta en su sudario. Había sangre en su blanco ropaje, y toda su demacrada persona mostraba evidentes señales de una horrible lucha. Durante un momento, permaneció trémula y vacilante en el umbral, luego, con un grito apagado y quejumbroso, cayó pesadamente hacia adelante sobre su hermano, y en su violenta agonía final, lo arrastró con ella al suelo, muerto, víctima de los terrores que había anticipado.

Colmado de horror huí de aquel aposento y de aquella mansión. La tempestad estaba desencadenada aún con toda su furia cuando crucé la vieja avenida. De pronto, una luz extraña se proyectó sobre el camino y me volví para ver de dónde podía salir una luminosidad tan singular porque no había detrás de mí sino el viejo castillo con todas sus sombras. El resplandor provenía de la luna llena, roja como la sangre, que descendía, y que ahora brillaba vivamente a través de aquella fisura que antes era apenas visible y que, como ya dije, recorría en zigzag la construcción desde el techo hasta la base. En tanto que yo miraba, rápidamente se ensanchó esa fisura, pasó un furioso torbellino y el disco entero de la luna irrumpió de pronto ante mis ojos. Pareció que la cabeza me daba vueltas cuando vi partirse en dos y desplomarse los poderosos muros. Resonó un ruido prolongado, un tumultuoso estruendo como la voz de mil cataratas, y el estanque profundo y fétido situado a mis pies se cerró triste, silencioso, sobre los restos de la Casa Usher.

LOS CRÍMENES DE LA CALLE MORGUE

*Qué canción cantaban las sirenas,
o qué nombre adoptó Aquiles
cuando se escondió entre las mujeres,
son cuestiones enigmáticas,
pero que no se hallan más allá
de toda conjetura.*

SIR THOMAS BROWNE

Las características de la mente que suelen calificarse de analíticas, son en sí mismas poco susceptibles de análisis. No podemos apreciarlas sino por sus resultados. Entre otras cosas sabemos que para el que las posee en alto grado constituyen una fuente de grandes satisfacciones. Así como el hombre robusto disfruta sus aptitudes físicas y se deleita con aquellos ejercicios que reclaman la acción de sus músculos, así el analista encuentra su mayor goce en esa actividad espiritual consistente en *descifrar*. Goza incluso con las ocupaciones más triviales, siempre y cuando pongan a prueba su talento. Le encantan los enigmas, los acertijos, los jeroglíficos y los resuelve con tanta perspicacia que, para la mente ordinaria, puede parecer sobrenatural. Esta facultad resolutiva se ve posiblemente vigorizada por el estudio de las matemáticas y en especial de su rama más alta, que con bastante injusticia y sólo a causa de sus operaciones retrógradas se denomina análisis, como si se tratara del análisis por antonomasia. Porque calcular no es en sí un análisis. El jugador de ajedrez, por ejemplo, efectúa lo primero sin preocuparse por lo segundo; de ahí que el ajedrez sea bastante mal apreciado, por lo que contiene en sus efectos, sobre la naturaleza del espíritu. No es mi intención escribir un tratado sobre análisis, sino prologar este relato, que no carece de cierta singularidad, con algunas observaciones efectuadas a la ligera; aprovecharé la ocasión para asegurar que las facultades más importantes de la reflexión trabajan con mayor decisión y provecho en el modesto juego de damas que en toda la elaborada frivolidad del ajedrez. En este último, donde las piezas se hallan dotadas de movimientos *extraños* y de varios y distintos valores, lo que es sólo complicado se toma equivocadamente (error muy usual), por profundo. La *atención* es poderosamente puesta en juego. Si se flaquea un instante, se comete un error que resulta en pérdida o derrota. Los movimientos posibles son tanto variados como complicados, las posibilidades de estos descuidos son múltiples y en nueve de cada diez casos triunfa el jugador más concentrado y no el más penetrante. En el juego de damas, por el contrario, donde los movimientos son únicos y de muy poca variación, las posibilidades de descuido son menores y como la atención queda relativamente distraída, sólo domina la mayor perspicacia.

Para ser menos abstractos, supongamos un juego de damas donde las piezas se han reducido a cuatro reinas, y donde, por supuesto, no es posible el descuido. Es obvio que aquí (si los jugadores se hallan en absoluta igualdad), la victoria puede ser decidida por un solo movimiento, resultado de un esfuerzo de la inteligencia. Privado de los recursos ordinarios, el analista consigue introducirse en el espíritu de su oponente, se identifica con él y con frecuencia logra descubrir de una sola ojeada el único medio (a veces absurdamente sencillo) por medio del cual puede inducir el error o un cálculo equivocado.

Desde hace mucho tiempo se ha destacado el *whist* por su influencia sobre la facultad de calcular. Se ha observado que hombres de gran inteligencia han encontrado en él un deleite indescriptible, mientras dejaban de lado el ajedrez, por frívolo. Sin duda alguna no hay juego que, en relación con éste, ponga de tal modo a prueba la facultad analítica. El mejor ajedrecista quizá sea poco más que el mejor jugador de ajedrez, pero la pericia en el *whist* implica ya una capacidad para el triunfo en todas esas empresas

146

importantes donde la mente se enfrenta con la mente. Cuando digo pericia, me refiero a esa perfección en el juego que conlleva una comprensión de todas las fuentes de donde la legítima ventaja puede derivarse. Estas fuentes no son solamente múltiples, sino multiformes, yacen con frecuencia en las profundidades del pensamiento y son enteramente inaccesibles al entendimiento ordinario. Observar atentamente es recordar claramente y, desde este punto de vista, el jugador de ajedrez, capaz de intensa concentración, jugará muy bien al *whist*, mientras las reglas de Hoyle (basadas en el mero mecanismo del juego), son suficientes y generalmente inteligibles. Por esto, tener una buena memoria y proceder guiado por "el libro", son los puntos usualmente considerados como la suma del buen jugar. Pero en aquellos casos que están más allá de la regla, la habilidad del analista queda demostrada. Él hace, en silencio, un sinfín de observaciones e inferencias. Quizá lo mismo hacen sus compañeros, y la diferencia en la extensión de la información obtenida de esta manera yace, no tanto en la validez de la inferencia como en la calidad de la observación. Lo principal, lo importante, está en saber *qué* debe ser observado. Nuestro jugador no se encierra en sí mismo, ni tampoco, dado que su objetivo es el juego, rechaza deducciones procedentes de cosas externas a éste. Él examina el semblante de su compañero, comparándolo cuidadosamente con el de cada uno de sus adversarios. Considera el modo de clasificar las cartas en cada mano; con frecuencia calculando triunfo por triunfo; a menudo cuenta las cartas ganadoras y las adicionales por la manera en que sus tenedores las contemplan. Anota cada variación de los rostros a medida que progresa el juego, reuniendo gran número de ideas que observa en las diferentes expresiones de certeza, sorpresa, triunfo o mortificación. Desde el modo de recoger una baza, juzga si la misma persona puede hacer una más. Reconoce la carta jugada en el ademán con que se tira sobre la mesa. Una palabra casual o involuntaria, la forma accidental con que cae una carta o el volverla sin querer, con la negligencia o ansiedad que acompaña la acción de ocultarla; la cuenta de las bazas con el orden de su colocación; la turbación, la vacilación, la impaciencia o la agitación, todo ello le confiere a su percepción, aparentemente intuitiva, indicios del verdadero estado de las cosas. Luego de las dos o tres primeras vueltas jugadas, sabe perfectamente las cartas que tiene cada uno y juega sus propias cartas, con tan absoluta precisión, como si los demás las tuvieran vueltas hacia él.

El poder analítico no debe confundirse con el simple ingenio; pues mientras el analista es necesariamente ingenioso, el hombre ingenioso frecuentemente es incapaz de analizar. El poder constructivo o de combinación con que, por lo general, se manifiesta el ingenio y al que los frenólogos (erróneamente, desde mi punto de vista), han asignado un órgano aparte, suponiéndolo una facultad primordial, se ha visto tan frecuentemente en individuos cuyo intelecto bordeaba, por otra parte, la idiotez, que ha llamado la atención general de los escritores sobre la personalidad. Entre el ingenio y la capacidad analítica existe una diferencia mayor, desde luego, que entre la fantasía y la imaginación, pero de un carácter estrictamente análogo. Se ha encontrado, de hecho, que el ingenioso posee siempre mucha fantasía, mientras que el hombre *verdaderamente* imaginativo, nunca deja de ser un analista.

La narración que aparece a continuación, será para el lector un comentario sobre las propuestas que acabo de exponer.

Encontrándome en París durante la primavera y parte del verano de 18..., me relacioné con un tal C. Auguste Dupin. Este joven caballero era de una excelente, es decir, ilustre familia pero, por una serie de sucesos funestos, se había visto reducido a tal pobreza que sucumbió la energía de su carácter, llevándolo a olvidarse del mundo y a no preocuparse por recuperar su fortuna. Gracias a la cortesía de sus acreedores, quedó poseedor de un pequeño resto de su patrimonio y, con el ingreso que esto le producía, encontró el medio, gracias a una economía rigurosa, de cubrir sus necesidades, sin preocuparse por lo superfluo. Los libros, desde luego, eran su único lujo y en París éstos se obtienen fácilmente.

Nuestro primer encuentro tuvo lugar en una oscura biblioteca en la rue Montmartre, donde la casualidad de que ambos fuéramos en busca del mismo libro —un volumen tan raro como notable—, sirvió para aproximarnos. Nos frecuentamos el uno al otro una y otra vez. Me interesé profundamente por la historia de su familia, que Dupin me relató detalladamente, con esa candidez a que se abandona un francés cuando se trata de hablar de su propia persona. Me asombré mucho, al mismo tiempo, del extenso alcance de sus lecturas y, sobre todo, sentí mi alma encenderse por su exaltado fervor y la vívida frescura de su imaginación. Dado lo que entonces buscaba en París, sentí que la compañía de un hombre como él sería un tesoro inapreciable y le hablé francamente de este sentimiento. Quedó arreglado por fin, que deberíamos vivir juntos durante mi estadía en la ciudad, y como mis condiciones financieras eran algo menos comprometidas que las suyas, me encargué de alquilar y acondicionar —con un estilo que favoreciera la melancolía más bien fantástica de nuestro carácter—, una carcomida y grotesca mansión, desierta desde hacía largo tiempo a causa de supersticiones que no averiguamos, y próxima a su ruina, en una parte aislada y solitaria del suburbio de Saint-Germain.

Si la rutina de nuestra vida en este lugar la hubiera conocido el mundo, hubiéramos sido vistos como locos —aunque quizá, como locos de una naturaleza inofensiva—. Nuestro retraimiento era perfecto. Nunca admitíamos visitantes. Desde luego la ubicación de nuestro retiro era un secreto cuidadosamente guardado para mis anteriores conocidos, y hacía muchos años que Dupin había cesado de alternar o tener conocidos en París. Sólo vivíamos para nosotros.

Fenómeno curioso en mi amigo (¿qué otro nombre darle?) era el estar enamorado de la noche por sí misma; a esta *bizarrerie*, como a todas las otras, me abandoné sosegadamente, entregándome a sus extraños caprichos con perfecto abandono. La oscura divinidad no estaba siempre con nosotros; pero nos era fácil falsificar su presencia. A las primeras luces del amanecer cerrábamos todas las persianas de la vieja casa, dejándola iluminada sólo por una pareja de velas que, fuertemente perfumadas, emitían los rayos más endebles y mortecinos. Con esta asistencia ocupábamos nuestras almas sólo en soñar, leyendo, escribiendo o conversando, hasta que el reloj nos señalaba el advenimiento de la verdadera oscuridad. Salíamos entonces a las calles, tomados por el brazo, continuando los temas del día o vagabundeando hasta muy tarde, buscando, entre las sombras y las luces de la populosa ciudad, esa infinidad de excitación mental que proporciona la observación quieta.

En tales ocasiones yo no dejaba de comentar y admirar (aunque cabía esperarlo dada su profunda idealidad), una capacidad analítica peculiar en Dupin. El parecía complacerse de ejercitarla, que no exactamente en exhibirla, y no dudó en confesar el placer que le producía. Me presumió, con una risa discreta, que la mayoría de los hombres tenían una ventana en el pecho, por medio de la cual podía vérseles el corazón, y estaba tan cierto que quiso demostrar sus afirmaciones con pruebas tan directas como sorprendentes del conocimiento íntimo que de mí tenía. Su actitud en aquellos momentos era fría y abstraída; sus ojos parecían no tener expresión; mientras su voz, de tenor comúnmente, subió a un tono soprano que habría parecido petulante sin la deliberación y entera distinción de sus palabras. Al observarlo en tales casos, me ocurría frecuentemente pensar en la antigua filosofía de la *doble alma*, y divertía con la idea de un Dupin doble: el creativo y el analista.

No se suponga, por lo que he dicho, que detallo algún misterio o redacto algún tipo de novela. Si he descrito al francés, era tan sólo el resultado de una inteligencia excitada o quizá enferma. Pero del carácter de sus comentarios a los periodos en cuestión, un ejemplo transmitirá mejor la idea.

Vagábamos una noche por una calle sucia y larga, en la vecindad del Palais Royal. Estando ambos, aparentemente, sumergidos en nuestros pensamientos, durante quince minutos por lo menos no salió de nosotros ni una sílaba. Cuando de golpe, Dupin pronunció estas palabras:

"Sí, es un hombrecillo pequeño, y estaría mejor en el *Théâtre des Variétés*."

"No cabe duda", contesté inconscientemente, sin advertir (tan absorto estaba en mis reflexiones) la extraordinaria manera en que Dupin coincidía con mis pensamientos. Un instante después, recordé esto y me asombré profundamente.

"Dupin", dije gravemente, "esto queda más allá de mi comprensión. No dudo en decir que estoy asombrado y que apenas puedo dar crédito a mis sentidos. ¿Cómo es posible que haya sabido lo que yo estaba pensando?" Aquí hice una pausa, para comprobar sin lugar a dudas que él realmente sabía en lo que yo estaba pensando.

"En Chantilly", dijo, "¿por qué se interrumpe? Se comentaba a sí mismo que su pequeña figura lo vetaba para la tragedia."

Era este el tema central de mis reflexiones. Chantilly era un ex remendón de la calle Saint-Denis, que, apasionado por el teatro, había intentado el papel de Jerjes en la tragedia homónima de Grébillon, logrando sólo que la gente se burlara de él.

"Dígame, en nombre del cielo", exclamé, "el método si es que lo hay, por el que usted se ha permitido leer de esta manera en lo más profundo de mí." Me sentía, de hecho, más asombrado de lo que estaba dispuesto a reconocer.

"El frutero", contestó mi amigo, "fue quien lo llevó a la conclusión de que el remendón de suelas no tenía estatura suficiente para Jerjes *et id genus omme*."

"¡El frutero! Me asombra, no conozco a ningún frutero."

"El hombre que tropezó con usted cuando entrábamos en esta calle, hace unos quince minutos."

Recordé entonces que, de hecho, un frutero, que llevaba sobre la cabeza una gran canasta de manzanas, había estado cerca de tirarme, por accidente, cuando pasábamos de la calle C… a ésa en la que ahora estábamos parados; pero qué tenía esto que ver con lo de Chantilly, yo no podía comprenderlo del todo.

No había una pizca de charlatanería en Dupin.

"Se lo explicaré", me dijo, "y, para que pueda comprender claramente, nos remontaremos primero desde el momento en que hablé hasta el encuentro con el frutero en cuestión. Los mayores eslabones de la cadena son: Chantilly, Orión, el doctor Nichols, Epicuro, la estereotomía, el pavimento y el frutero."

Hay pocas personas que, en algún periodo de sus vidas, no se han divertido en remontar el curso de las cosas mediante las cuales han logrado alguna conclusión. Esta tarea está, frecuentemente, llena de interés; y quien la intenta por primera vez queda asombrado por la distancia aparentemente ilimitada e inconexa que hay entre el punto de partida y el de llegada. ¡Cuál no sería entonces mi asombro al escuchar lo dicho por el francés y reconocer la verdad en sus palabras. Dupin continuó:

"Si recuerdo correctamente, hablábamos de caballos, justo antes de dejar la calle C... Este fue el último tema sobre el que discutimos, cuando cruzábamos hacia esta calle, el frutero, que tenía una gran cesta sobre su cabeza, pasó a nuestro lado con cierta rapidez y lo empujó contra una pila de adoquines que están ahí para la reparación de la calle. Usted pisó una de las piedras flojas, tropezó, torciéndose ligeramente el tobillo, se mostró molesto o malhumorado, murmuró unas palabras, se volvió para mirar la pila y entonces vino su silencio. Yo no estaba particularmente atento a sus actos; pero la observación se ha vuelto para mí, en los últimos tiempos, una especie de necesidad."

"Usted mantuvo los ojos puestos sobre el suelo, con una expresión puntillosa a los hoyos y surcos en el pavimento (por lo cual comprendí que aún pensaba en las piedras), hasta que llegamos al pequeño pasaje llamado Lamartine, que, por mera experimentación, ha sido pavimentado con bloques superpuestos y remachados. Aquí su expresión se reanimó y, percibiendo su movimiento de labios, supe que murmuraba la palabra 'estereotomía', un término muy pretensioso que se le ha dado a este tipo de pavimento. Sabía que usted no podría decirse a sí mismo 'estereotomía' sin pensar en átomos y pasar así a las teorías de Epicuro; ahora bien, cuando discutimos este tema no hace muchos años y yo mencioné cuán singularmente, por lo demás desconocidas, las indistintas conjeturas de aquel noble griego han hallado confirmación en la reciente cosmogonía de las nebulosas, comprendí que usted no podía dejar de alzar los ojos a la nebulosa de Orión y esperé a que lo hiciera. En efecto lo hizo, y eso confirmó que bien seguía sus pasos hasta ese momento. Así que, en la amarga crítica a Chantilly aparecida en el *Musée* de ayer, el escritor satírico elaboró algunas alusiones deshonrosas referentes al cambio de nombre del remendón antes de calzar los coturnos, y cita un verso latino sobre el cual hemos hablado muchas veces. Me refiero a:

Perdidit antiquum litera prima sonum.

"Yo le había contado que se refería a Orión, que antes se escribía Urión; y dada cierta acritud que se mezcló en esta explicación, estaba consciente de que usted no podía haberla olvidado. Estaba claro, por lo tanto, que no dejaría de combinar las ideas de Orión y Chantilly. Que de hecho lo hizo, lo digo por el carácter de la sonrisa que pasó por sus labios. Usted pensaba en la inmolación del pobre zapatero. Hasta ese momento usted había caminado encorvado; pero entonces lo vi erguirse en toda su estatura. Entonces estuve seguro de que sus reflexiones se referían a la diminuta figura de Chantilly. Y en este punto interrumpí sus meditaciones para comentar que, de hecho, ese Chantilly era una persona muy baja y que estaría mejor en el *Théâtre des Variétés*."

Poco tiempo después de este episodio, leíamos una edición nocturna de la *Gazette des Tribunaux*, cuando los siguientes párrafos llamaron nuestra atención:

"Extraordinarios Asesinatos. Esta mañana, a eso de las tres, los habitantes *quartier* Saint Roch fueron despertados por una sucesión de alaridos extraordinarios, emitidos, aparentemente, desde el cuarto piso de una casa situada en la calle Morgue, ocupada únicamente por madame L'Espanaye y su hija, mademoiselle Camille L'Espanaye. Después de alguna demora, ocasionada por un intento estéril de entrar a la casa a la manera usual, se forzó finalmente la puerta, y ocho o diez de los vecinos entraron, acompañados por dos gendarmes. Para entonces, los gritos habían cesado; pero, cuando el grupo subía el primer tramo de la escalera se oyeron dos o más voces que discutían enfadadas, y que parecían proceder de la parte superior de la casa. Al llegar al segundo piso, también estos sonidos habían cesado y todo permaneció en gran calma. El grupo se esparció y comenzaron a recorrer la casa habitación por habitación. Y al llegar a una gran cámara situada en la parte posterior del cuarto piso (cuya puerta cerrada con llave debió ser forzada), se vieron ante un espectáculo que llenó a los que lo contemplaron tanto de horror como de pasmo.

"El apartamento estaba en el mayor de los desórdenes, los muebles rotos habían sido lanzados en todas direcciones. El colchón del único lecho aparecía tirado en mitad del piso. Sobre una silla estaba una navaja, manchada de sangre. Sobre el fogón se hallaban dos o tres largos y espesos mechones de cabello humano, gris, también salpicados de sangre, y que al parecer habían sido retirados de cuajo. Sobre el piso se encontraron cuatro napoleones, un arete de topacio, tres cucharas grandes de plata, tres más pequeñas de *métal d'Alger*, y dos talegos, que contenían aproximadamente cuatro mil francos en oro. Los cajones de una bóveda que estaba en un rincón, se encontraban abiertos, y habían sido, aparentemente, saqueados, aunque todavía permanecían varios artículos en ellos. Se descubrió una pequeña caja fuerte debajo de la *cama* (no debajo del colchón). Estaba abierta, con la llave todavía en la puerta, y no contenía nada aparte de cartas viejas y otros papeles de poca importancia.

"No se veía ningún rastro de madame L'Espanaye; pero al notarse una cantidad inusitada de hollín en la chimenea, se hizo una búsqueda y (¡cosa horrenda de describir!) se halló el cadáver de la hija, cabeza abajo, que así había sido forzado a entrar en la estrecha abertura. El cuerpo estaba aún cálido. Y al examinarlo se percibieron en él numerosas escoriaciones, sin lugar a dudas ocasionadas por la violencia con que fuera introducido y la que fue necesaria para arrancarlo de ahí. Sobre la cara había muchos arañazos severos y, sobre la garganta, contusiones oscuras y profundas huellas de uña, como si la víctima hubiera sido estrangulada.

"Luego de una investigación completa de cada porción de la casa, sin que apareciera nada más, los vecinos se introdujeron en un pequeño patio pavimentado de la parte posterior del edificio y encontraron el cadáver de la anciana señora, con la garganta tan enteramente abierta que, al intentar levantarla, la cabeza se separó del cuello. Al cuerpo, así como a la cabeza, se les mutiló tan horriblemente que apenas presentaban apariencia humana.

"Hasta este momento, no se ha encontrado la menor clave para resolver el misterio."

La edición del siguiente día contenía los siguientes detalles adicionales:

"La tragedia de la rue Morgue. Muchos individuos han sido interrogados con relación a estos terribles y extraordinarios sucesos, pero nada ha sucedido que arroje alguna luz sobre ellos. A continuación, damos los testimonios obtenidos:

"*Pauline Dubourg*, lavandera, manifiesta que conocía a ambas víctimas desde hacía tres años, habiendo lavado para ellas durante este periodo. La anciana y su hija parecían estar en buenos términos, y se mostraban afectuosas la una a la otra. Pagaban la retribución óptima por el trabajo. No podía hablar con respecto a su modo o medios de vivir. Creía que madame L. leía la fortuna. Daba la impresión de tener dinero guardado. Nunca encontró a otras personas en la casa cuando iba a recoger o devolver la ropa. Estaba segura de que ellas no tenían sirvientes ni empleados. Le parecía también que no había muebles en el edificio, con excepción del cuarto piso.

"Pierre Moreau, vendedor de tabaco, declara que ha vendido pequeñas cantidades de tabaco y rapé a madame L'Espanaye durante cuatro años aproximadamente. Nació en el barrio y siempre ha radicado allí. La difunta y su hija habían ocupado la casa en la que fueron encontrados los cadáveres, por más de seis de años. Anteriormente la casa estaba ocupada por un joyero, que alquilaba las habitaciones superiores a distintas personas. La casa era propiedad de madame L., que llegó a disgustarse por los abusos del inquilino, y se mudó a la casa, rehusando rentar cualquier parte de la misma. La mujer era senil. El testigo había visto a la hija unas cinco o seis veces durante los seis años. Las dos llevaban una vida muy retirada y la reputación de tener dinero. Había oído decir entre los vecinos que madame L. decía la fortuna, pero no lo creía. Nunca había visto que persona alguna entrara por la puerta con excepción de la anciana y su hija, a un mozo, una vez o dos veces, y un médico unas diez veces.

"Muchas otras personas, vecinos todos, dieron testimonios semejantes. No se habló de nadie que frecuentara la casa. Se ignoraba si madame L. y su hija tenían conocidos. Las persianas de las ventanas anteriores se abrían raramente. Las de la parte posterior estaban siempre cerradas, con excepción de la gran habitación posterior, en el cuarto piso. La casa estaba en buen estado y no era muy vieja.

"Isidore Muset, gendarme, declara que fue llamado hacia las tres de la mañana y encontró a unas veinte o treinta personas a la entrada, empeñadas en entrar. Finalmente, forzaron la puerta con una bayoneta, no con una ganzúa. Le costó poco trabajo, pues se trataba de una puerta doble o plegable, sin cerrojos arriba ni abajo. Los alaridos continuaron hasta que la puerta se forzó y entonces cesaron repentinamente. Parecían ser gritos de persona (o personas) en gran agonía, eran gritos fuertes y largos, no cortos ni rápidos. El testigo dirigió a los otros escaleras arriba. Al llegar al primer piso oyó dos voces que discutían con fuerza y enfadadas, una voz era ruda y la otra mucho más aguda y muy extraña. Pudo distinguir algunas palabras, que estaba seguro correspondían a un francés. Estaba seguro de que no era la voz de una mujer. Pudo distinguir las palabras *sacré* y *diable*. La voz más aguda era de un extranjero. No estaba seguro de si era la voz de un hombre o de una mujer. No entendía lo que se decía, pero creyó que el idioma era español. El estado de la sala y el de los cuerpos fue descrito por el testigo tal y como lo describimos nosotros ayer.

"Henri Duval, vecino, de profesión platero, declara que él era parte del primer grupo que entró en la casa. Corrobora el testimonio de Muset en general. Tan pronto como forzaron la entrada, la cerraron otra vez, para mantener fuera la muchedumbre, que se reunió muy de prisa, a pesar de lo tarde que era. La voz aguda, piensa el testigo, pertenecía a un italiano. Estaba seguro de que no se trataba de un francés. Aunque no puede asegurar que se tratara de la voz de un hombre. Podría haber sido una mujer. No estaba familiarizado con el idioma italiano. Por lo que no pudo distinguir las palabras, pero estaba convencido, por la entonación, que el que hablaba era un italiano. Conoció a madame L. y a su hija. Había conversado con ambas con cierta frecuencia. Estaba seguro de que la voz aguda no era la de la difunta.

"Odenheimer, mesonero. Este testigo ofreció su testimonio voluntariamente. No habla francés, por lo que su testimonio se examinó mediante un intérprete. Es nativo de Amsterdam. Pasaba por la casa cuando los alaridos, los cuales duraron varios minutos, probablemente diez. Eran largos y fuertes, bastante horribles y angustiosos. Fue uno de los que entraron al edificio. Corroboró los testimonios previos en todos los detalles, excepto en uno. Estaba seguro de que la voz aguda era de hombre y francés. No pudo distinguir las palabras dichas. Que eran fuertes y precipitadas y habladas en forma desigual, aparentemente dichas con temor así como con enfado. La voz era áspera, no tan aguda como áspera. El testigo no la llamaría una voz aguda. La voz más gruesa dijo repetidamente *sacré*, *diable* y una vez *mon Dieu*!

"Jules Mignaud, banquero, de la firma Mignaud e hijos, en la calle Deloraine. Es el mayor de los Mignaud. Madame L'Espanaye poseía algunos bienes. Había abierto una cuenta en su banco durante la primavera de 18… (ocho años antes). Hacía depósitos frecuentes en pequeñas sumas. No había retirado nada hasta tres

157

días antes de su muerte, cuando retiró en persona la suma de 4000 francos. Esta suma se pagó en oro, y un empleado la llevó a su domicilio.

"Adolphe Lebon, empleado de Mignaud e hijos, testifica que el día en cuestión, sobre el mediodía, acompañó a madame L'Espanaye a su residencia con los 4000 francos en dos talegos. Una vez abierta la puerta, mademoiselle L. apareció y tomó uno de los talegos, mientras la anciana se llevaba el otro. Entonces se inclinó y partió. No vio que nadie estuviera en la calle en ese momento. Es una calle poco importante y muy solitaria.

"William Bird, sastre, declara que él era parte del grupo que entró a la casa. Es inglés. Ha vivido en París dos años. Fue uno de los primeros en subir las escaleras. Oyó las voces de la contienda. La voz más ruda era de un francés. Pudo distinguir varias palabras, pero no las recordaba todas. Escuchó claramente *sacré* y *mon Dieu*. En ese momento hubo también un sonido como de varias personas que forcejeaban, un sonido de algo que rasgaba. La voz más aguda era más fuerte que la voz ruda. Estaba seguro de que no era la voz de un inglés. Parecía más la de un alemán. Podía haber sido la voz de una mujer. No habla alemán.

"Cuatro de los testigos nombrados arriba, al ser nuevamente interrogados, testificaron que la puerta de la habitación en que se encontró el cuerpo de mademoiselle L. estaba cerrada por dentro cuando el grupo llegó a ella. Reinaba el silencio y no se escuchaban gemidos o ruidos de ningún tipo. Al forzar la puerta no se vio a ninguna persona. Las ventanas, tanto las de la sala anterior como las del frente, estaban cerradas y firmemente aseguradas por dentro. Entre ambas habitaciones había una puerta cerrada, pero no con llave. La puerta que comunica la sala anterior con el pasillo estaba cerrada por dentro con llave. Una habitación pequeña al frente de la casa, en el cuarto piso, al comienzo del pasillo, estaba abierta, con la puerta entornada. Esta sala estaba apiñada con camas viejas, cajas y objetos por el estilo. Éstos se revisaron cuidadosamente. No hubo una pulgada de la casa que no se examinara cuidadosamente. Se enviaron deshollinadores para explorar las chimeneas. La casa tiene cuatro pisos, con desvanes (*mansardes*). Una trampa que da al techo estaba firmemente clavada y no parecía que se hubiera abierto en años. El tiempo que transcurre entre el momento en que se escucharon las voces en contienda y la apertura de la puerta, era diverso en los testimonios. Algunos sostienen que fue como de tres minutos, mientras que otros sostienen que fueron cinco. La puerta se abrió con mucha dificultad.

"Alfonso García, empresario de pompas fúnebres, declara que radica en la calle Morgue. Es nativo de España. Fue uno de los que entró en la casa. No procedió escaleras arriba. Es nervioso y aprensivo de toda consecuencia de agitación. Oyó las voces en la contienda. La voz más ruda pertenecía a un francés. No pudo distinguir lo que dijo. La voz aguda venía de un inglés, estaba seguro de esto. No comprende el idioma inglés, pero juzga por la entonación.

"Alberto Montani, confitero, testifica que estuvo entre los primeros en subir las escaleras. Oyó las voces en cuestión. La voz más ruda era de un francés. Distinguió varias palabras. El que hablaba parecía reprochar algo. No pudo entender lo que decía la voz más aguda. Habló rápido e irregularmente. Piensa que se trataba de un ruso. Corrobora el testimonio general. Es italiano. Nunca conversó con un nativo de Rusia.

"Nuevamente interrogados, los varios testigos dijeron que las chimeneas de todas las salas del cuarto piso eran demasiado estrechas para admitir el paso de un ser humano. Se pasaron deshollinadores, es decir cepillos cilíndricos como los que se utilizan para limpiar las chimeneas. Estos cepillos se pasaron por todos los cilindros en la casa. No hay ningún pasillo por el cual alguien hubiera podido descender mientras el grupo subía las escaleras. El cuerpo de mademoiselle L'Espanaye estaba tan firmemente encajado en la chimenea que no pudo ser extraído hasta que cuatro o cinco personas del grupo juntaron su fortaleza.

"Paul Dumas, médico, testifica que fue llamado al amanecer para inspeccionar los cuerpos. Ambos colocados para entonces sobre el colchón del lecho correspondiente a la habitación donde se encontró a mademoiselle L. El cadáver de la joven estaba magullado y escoriado. El hecho de que hubiese sido empujado en la chimenea bastaba para explicar tales marcas. La garganta estaba bastante escoriada. Había varios rasguños delante de la barbilla, junto a una serie de manchas lívidas que evidentemente eran la impresión de dedos. La cara estaba pavorosamente descolorida y los ojos salidos de sus órbitas. La lengua parecía a medias cortada. Y una gran contusión se descubrió sobre la boca del estómago, producida, aparentemente, por un golpe de rodilla. En la opinión del doctor Dumas, mademoiselle L'Espanaye había sido muerta por una o varias personas. El cadáver de la madre estaba horriblemente mutilado. Todos los huesos del brazo y la pierna derecha estaban destrozados. La tibia izquierda astillada, así como todas las costillas del lado izquierdo. Su cuerpo estaba lleno de contusiones y descolorido. Resultaba imposible decir cómo se habían inferido tales heridas. Un pesado garrote de madera o una barra de hierro, quizá una silla, cualquier arma grande, pesada y contundente podría producir tal resultado, en las manos de un hombre sumamente fuerte. Ninguna mujer hubiera podido infligir tales heridas con ningún arma. La cabeza de la difunta aparecía enteramente separada del cuerpo y destrozada. La garganta había sido cortada con algún instrumento tosco, probablemente una navaja.

"Alexandre Etienne, cirujano, fue llamado con el doctor Dumas para inspeccionar los cuerpos. Corroboró el testimonio y las opiniones de éste último.

"No se obtuvo ningún otro dato de importancia, a pesar de haberse interrogado a varias personas más. Nunca antes se cometió en París un asesinato tan misterioso y tan inexplicable en todos sus detalles. La policía está enteramente perpleja, lo cual no es frecuente en asuntos de esta naturaleza. Sin embargo, no hay la menor clave que permita resolver el misterio."

La edición vespertina del periódico declaraba que en el *quartier* Saint Roch reinaba una intensa excitación, el local en cuestión había vuelto a ser cuidadosamente examinado, mientras se interrogaba a nuevos testigos, pero nada nuevo se supo. Sin embargo, un párrafo final mencionaba a un Adolphe Lebon que había sido arrestado y encarcelado, aunque nada parecía incriminarlo, a juzgar por los hechos ya detallados.

Dupin pareció singularmente interesado en este asunto o por lo menos así me pareció en su actitud, ya que él no hizo ningún comentario. Tan sólo después de producirse el arresto de Lebon, me pidió mi opinión al respecto de los asesinatos.

Yo me sumé a todo París en considerarlo un misterio insoluble. No veía los medios para seguir el rastro del asesino.

"No debemos juzgar en los medios", dijo Dupin, "que surgen de un examen tan rudimentario. Los policías parisienses, tan ensalzados por su perspicacia, son astutos, pero nada más. No hay un método en sus actos, salvo en el momento. Toman distintas medidas; pero, frecuentemente, estas están tan mal adaptadas a su objetivo que recuerdan a monsieur Jourdain que pedía *sa robe de chambre... pour mieux entendre la musique*. Los resultados obtenidos son siempre sorprendentes, pero, en su mayoría, se tratan de simple diligencia y actividad. Y cuando estas son insuficientes, sus planes fracasan. Vidocq, por ejemplo, era un buen pronosticador y un hombre perseverante. Pero, con el pensamiento mal educado, erró continuamente por la excesiva intensidad de sus investigaciones. Su visión se veía dañada por sostener el objeto demasiado cerca. El podía ver, quizá, uno o dos puntos con claridad inusitada, pero al proceder así, necesariamente, perdía de vista la cuestión como un todo. En el fondo se trataba de un exceso de profundidad. La verdad no está siempre en un pozo. De hecho, en lo que se refiere como el conocimiento más importante, pienso que es invariablemente superficial. La profundidad corresponde a los valles donde la buscamos, y no a las montañas donde se le encuentra. Las formas y las fuentes de este tipo de error son bien ejemplificadas en la contemplación de los cuerpos celestiales. Al mirar una estrella de una ojeada, oblicuamente, volviendo hacia ella la porción exterior de la retina (más susceptible de impresiones endebles de luz que la parte interior), se percibirá a la estrella con claridad y se tendrá una mejor apreciación de su brillo, el cual, se opaca si lo miramos de lleno. Es cierto que nos llega un mayor número de rayos al ojo, pero, en el caso anterior, hay una capacidad de recepción más refinada. A causa de una indebida profundidad confundimos y debilitamos el pensamiento, y Venus puede llegar a desvanecerse del firmamento si mantenemos un escrutinio demasiado concentrado, o demasiado directo.

"En lo que concierne a estos asesinatos, hagamos un examen personal, antes de formarnos una opinión al respecto. Sólo por diversión. (Pensé que era un término extraño, pero no dije nada.) Además, Lebon me prestó alguna vez un servicio por el cual estoy agradecido. Conozco a G…, el prefecto de la policía, y no habrá dificultad en obtener el permiso necesario."

El permiso se obtuvo, y procedimos de inmediato a la calle Morgue. Esta es una de esas calles miserables que corren entre las calles Richelieu y Saint Roch. Atardecía cuando llegamos; pues este barrio está a una gran distancia de aquel en el que vivíamos. Encontramos la casa fácilmente; ya que aún había personas que miraban las persianas, con una curiosidad sin objeto, desde el lado opuesto de la calle. Era una casa parisiense ordinaria, con una entrada y una casilla de cristales de ventana corrediza, correspondiendo a la *loge du concierge*. Antes de entrar en ella caminamos calle arriba, doblamos en un callejón y volviendo a doblar, pasamos por la retaguardia del edificio; Dupin, mientras tanto, examinaba el barrio entero, así como la casa, con una atención inusitada cuyo objeto me era imposible adivinar.

Desandando nuestros pasos, volvimos al frente de la residencia, tocamos y, habiendo mostrado nuestras credenciales, fuimos admitidos por los agentes a cargo. Fuimos escaleras arriba hacia la habitación donde se había encontrado el cuerpo de mademoiselle L'Espanaye, y donde aún estaban las víctimas. El desorden de la habitación, como de costumbre, se había respetado. No vi nada que no hubiera sido detallado en la *Gazette des Tribunaux*. Dupin inspeccionó cada cosa, sin exceptuar los cuerpos de las víctimas. Pasamos luego a las otras habitaciones, y un gendarme nos acompañó a todas partes. El examen nos ocupó hasta que oscureció, y era de noche cuando salimos. En el camino de regreso, mi compañero se detuvo un momento en las oficinas de uno de los diarios.

He dicho que los caprichos de mi amigo eran muchos, y que *je les ménageais* (para esta frase no hay traducción). Fue su decisión declinar toda conversación sobre el tema, hasta el mediodía siguiente. Entonces me preguntó, repentinamente, si había observado cualquier detalle peculiar en la escena de las atrocidades.

Había algo en su manera de enfatizar la palabra "peculiar", que me hizo temblar, sin saber por qué.

"No, nada peculiar", dije yo; "nada, por lo menos, que no hallamos visto referido en el periódico."

"Me temo", contestó, "que la *Gazette* no haya entrado en el horror inusitado de este asunto. Pero dejemos de lado las opiniones ociosas de este diario. Me parece que este misterio se considera insoluble, por la misma razón que debería inducir a considerarlo de fácil solución; me refiero a lo excesivo, al carácter *outré* de sus características. Los policías están confundidos por la aparente ausencia de móvil y no por el asesinato en sí sino por su atrocidad. Se confunden, demasiado, por la aparente imposibilidad de reconciliar las voces escuchadas en la contienda, con el hecho de que no se encontró a nadie escaleras arriba más que a la difunta mademoiselle L'Espanaye, aparte de que no había manera de salir de la casa sin ser avistado por el grupo que subía la escalera. El salvaje desorden de la sala; el cadáver metido, cabeza abajo, en la chimenea; la espantosa mutilación de la anciana; estas consideraciones junto con las ya mencionadas, y otras que no necesito mencionar, han bastado para paralizar la acción y confundir por completo la tan alabada perspicacia de los agentes de policía. Han caído en el grueso pero común error de confundir lo insólito con lo incomprensible. Pero, justamente a través del plano ordinario de las cosas, la razón saldrá a flote, si es posible, en la búsqueda de la verdad. En investigaciones tales como la que hacemos ahora, no debería preguntarse tanto el 'qué ha ocurrido', como 'qué ha ocurrido aquí que no haya ocurrido antes'. De hecho, la facilidad con que llegaré o he llegado a la solución de este misterio, está en relación directa con su aparente insolubilidad a los ojos de la policía."

Me quedé mirándolo con silenciosa estupefacción.

"Ahora espero", continuó, mirando hacia la puerta de nuestro apartamento, "a una persona quien, si no es el perpetrador de esta carnicería, debe haber estado implicado en alguna medida en su consumación. Es probable que sea inocente de la parte más horrible de los crímenes. Confío en estar cierto de esta suposición; pues en ella se apoya toda mi esperanza de descifrar el enigma. Espero la llegada de ese hombre en cualquier momento... y en esta habitación. Es cierto que puede no llegar; pero lo más probable es que lo haga. De venir, será necesario detenerlo. Aquí están unas pistolas y ambos sabemos como usarlas cuando la ocasión exige su uso."

Tomé las pistolas, comprendiendo apenas lo que escuchaba o creí escuchar, mientras Dupin seguía sus reflexiones como en un soliloquio. Ya he mencionado su actitud abstraída en tales ocasiones. Su discurso se dirigía a mí; pero su voz, aunque no era forzada, tenía esa entonación que se emplea usualmente para hablar con alguien que se halla lejos. Sus ojos, vacíos de expresión, sólo miraban la pared.

"Las voces en contienda", dijo, "que fueron escuchadas por el grupo en las escaleras, no eran voces de mujeres, como ha sido enteramente probado en los testimonios. Esto elimina toda posibilidad de que la anciana haya matado a su hija para después suicidarse. Menciono esto en aras del método; ya que la fortaleza de madame L'Espanaye habría sido insuficiente para meter el cadáver de su hija en la chimenea en que lo hallaron; y la naturaleza de las heridas excluye toda idea de autodestrucción. El asesinato, entonces, se ha cometido por terceros; y las voces de estos fueron las escuchadas en la contienda. Me dejará destacar no los testimonios que se refieren a las voces sino a algo peculiar en tales testimonios. ¿Observó algo peculiar en ellos?"

Comenté que, mientras todos los testigos coincidían en suponer la voz más ruda la de un francés, no se ponían de acuerdo con respecto a la aguda o, como la llamó uno de ellos, la voz áspera.

"Que era el testimonio en sí", dijo Dupin, "pero no lo peculiar de la evidencia. No ha observado nada distintivo. Aún cuando algo había que observar. Los testimonios, como usted comenta, están todos de acuerdo sobre la voz más ruda; son unánimes. Lo que no sucede con respecto a la voz más aguda, la peculiaridad no es que ellos estén en desacuerdo sino que un italiano, un inglés, un español, un holandés y un francés, todos lo describieron como un extranjero. Cada uno de ellos está seguro de que no era la voz de un compatriota. Cada uno la vincula no a una persona que pertenezca a un país cuyo idioma conoce sino a la inversa. El francés supone que la voz era de un español, y agrega que pudo haber distinguido algunas palabras si *hubiera sabido español*. El holandés sostiene que se trataba de un francés; pero encontramos de lo siguiente: *como no habla francés su testimonio se examinó mediante un intérprete*. El inglés piensa que la voz era la de un alemán, *y no comprende alemán*. El español está seguro de que se trataba de un inglés, pero juzga por la entonación, así que *él no comprende el idioma inglés*. El italiano cree que la voz pertenecía a un ruso, *pero nunca ha conversado con un nativo de Rusia*. Un segundo francés difiere, además, con el primero, y está seguro que la voz era la de un italiano; pero, no estando familiarizado con esa lengua, está como el español, convencido por la entonación. Ahora, ¡cuán inusitada debe haber sido la voz para obtener un testimonio como éste! Una voz cuyos tonos, los ciudadanos de cinco grandes divisiones de Europa no pudieron reconocer nada familiar! Me dirá que pudo ser la voz de un asiático o de un africano. Ni asiáticos ni africanos abundan en París; pero, sin negar la inferencia, me limitaré a llamar su atención sobre tres puntos. Un testigo califica la voz de 'áspera más que aguda'.

Otros dos señalan que era 'precipitada y desigual'. Ninguno de los testigos se refirió a palabras reconocibles, a sonidos que parecieran palabras."

"No sé", continuó Dupin, "la impresión que pudo haber causado hasta ahora en su entendimiento; pero no dudo en decir que cabe extraer deducciones legítimas de esta parte del testimonio, la que se refiere a las voces ruda y aguda, deducciones suficientes para engendrar una sospecha que debe orientar todo paso futuro en la investigación del misterio. Me refiero a 'deducciones legítimas', sin expresar plenamente a lo que me refiero. Quiero implicar que estas deducciones son las *únicas* apropiadas, y que la sospecha surge *inevitablemente* de ellas como resultado de las mismas. Cuál es mi sospecha, sin embargo, no lo diré aún. Sólo deseo hacerle notar que, en lo que a mí se refiere, fue suficiente dar forma definitiva y tendencia a mis exámenes de la habitación.

"Transportémonos ahora a esta habitación. ¿Qué buscamos en primer lugar? La salida, los medios de evasión empleados por los asesinos. Supongo que ninguno de nosotros cree en sucesos sobrenaturales. Madame y mademoiselle L'Espanaye no fueron asesinadas por espíritus. Los perpetradores del acto eran materiales, y escaparon materialmente. ¿Cómo? Afortunadamente, sólo hay un modo de razonar sobre este punto, y ese modo debe conducirnos a una conclusión definitiva. Examinemos, uno por uno, los posibles medios de salida. Es claro que los asesinos estaban en la habitación en la que se encontró a mademoiselle L'Espanaye, o por lo menos en la habitación contigua, cuando el grupo subió las escaleras. Entonces, sólo debemos buscar en estos dos puntos. La policía ha levantado los pisos, los techos y la mampostería de las paredes. Ninguna salida *oculta* pudo haber escapado a sus investigaciones. Pero, no confiando en *sus* ojos, examiné con los míos. En efecto, no había salidas ocultas. Las dos puertas que conducen de las habitaciones al pasillo estaban bien cerradas, con llave por dentro. Nos quedan las chimeneas. Éstas, aunque de ancho ordinario en los primeros diez de pies por arriba de los fogones, no admitirían, más arriba, el cuerpo de un gato grande. Lo que establece la imposibilidad de salida por ellas; nos quedan sólo las ventanas. Nadie pudo haber escapado por la del cuarto delantero, ya que la muchedumbre en la calle lo habría visto. Los asesinos tienen que haber pasado, entonces, por las ventanas de la habitación posterior. Ahora, llevados a esta conclusión de manera tan inequívoca no nos corresponde, como razonadores, rechazarla a causa de su evidente imposibilidad. Lo único que nos queda es probar que esa aparente 'imposibilidad' no lo es en realidad.

"Hay dos ventanas en la habitación. Y sólo una de ellas está libre de muebles y es totalmente visible. La porción más inferior de la otra queda oculta por la cabecera del pesado lecho que ha sido arrimado a ella. La primera se encontró firmemente asegurada desde el interior. Resistiendo incluso el forcejeo de los que intentaron alzarla. Una perforación de barreno había sido taladrada en el marco, a la izquierda, y un clavo muy sólido se encontró hundido casi hasta la cabeza. Al examinar la otra ventana, se vio adaptado un clavo en forma similar, y los intentos por levantarla fracasaron también. La policía entonces, se sintió plenamente segura de que la huida no había sido por ahí. Y, *por lo tanto*, consideró superfluo extraer los clavos y abrir las ventanas.

"Mi examen propio fue algo más detallado, y eso, por la razón que acabo de darle: era la ocasión de probar que las aparentes imposibilidades no eran tales en realidad.

"Procedí a pensar así a posteriori. Los asesinos escaparon *por una de estas ventanas*. Siendo así, ellos no podían haber vuelto a asegurar los marcos desde el interior, tal como fueron encontrados; consideración que, dado su carácter evidente, interrumpió el escrutinio de los policías en esta habitación. Los marcos estaban asegurados. *Es necesario*, entonces, que tengan una manera de asegurarse por sí mismos. La conclusión no admitía escapatoria. Caminé a la ventana que estaba libre, retiré el clavo con alguna dificultad e intenté levantar el marco. Resistió todos mis esfuerzos, como había anticipado. Por lo que comprendí que debía existir un resorte oculto; y la corroboración de esta idea mía me convenció de que, por lo menos, mis premisas eran correctas, sin embargo todavía eran misteriosas las circunstancias referentes a los clavos. Una búsqueda cuidadosa no tardó en descubrir el resorte oculto. Lo oprimí y satisfecho de mi descubrimiento me abstuve de levantar el marco.

"Puse el clavo de nuevo en su sitio y lo observé atentamente. Una persona que escapa por la ventana podía cerrarla otra vez, y el resorte habría asegurado el marco, pero el clavo no podría haber sido reemplazado. La conclusión era simple, y nuevamente reducía el campo de mis investigaciones. Los asesinos *tenían* que haber escapado por la otra ventana. Suponiendo, entonces, que los resortes fueran los mismos, como era probable, *debía* haber una diferencia en los clavos, o por lo menos en el modo en que estaban puestos. Trepando en el armazón de la cama, revisé el marco de sostén de la segunda ventana. Y al pasar la mano por la parte posterior de la placa, descubrí el resorte y lo oprimí; era, como había supuesto, idéntico al otro. Por lo que miré el clavo. Era tan sólido como el otro, y aparentemente estaba adaptado en la misma manera, metido aproximadamente hasta la cabeza.

"Usted pensará que me sentí confundido; pero, si lo piensa así, aún no ha entendido la naturaleza de las instalaciones. Por usar una frase deportiva, hasta entonces no había cometido *fault*. No perdí la esencia de la pista ni un instante. No había defecto alguno en los eslabones de la cadena. Había seguido el trazo del secreto hasta su resultado definitivo, y el resultado *era el clavo*. Era, ya he dicho, igual al de la otra ventana; pero este hecho (por más concluyente que pudiera parecer) era una nulidad absoluta cuando se comparaba con la consideración de que ahí, hasta ese punto, me llevaba el raciocinio. '*Tiene* que haber algo defectuoso', me dije, 'en este clavo.' Al tocarlo, la cabeza quedó entre mis dedos juntamente con un cuarto de pulgada de la espiga. El resto de la espiga se hallaba en el hoyo de barreno, donde se había roto. La fractura era vieja (pues sus bordes aparecían oxidados), y aparentemente había sido hecha por un martillazo, que había hundido parcialmente la cabeza del clavo en el marco inferior de la ventana. Ahora, volví a poner el trozo de clavo de donde lo había tomado, y su semejanza con el otro clavo era completa, la grieta era invisible. Apretando el resorte, levanté suavemente el marco unas cuantas pulgadas; la cabeza subió con el resto del clavo, permaneciendo firme en su sitio. Cerré la ventana, y el clavo dio otra vez la apariencia de estar dentro.

"El acertijo, hasta este momento, parecía explicado. El asesino había escapado por la ventana que estaba sobre el lecho. Cerrándose por sí misma (o quizá intencionalmente) fue asegurada por el resorte; y la resistencia que puso el resorte hizo suponer a los policías, equivocadamente, que se trataba del clavo, haciendo innecesario cualquier otro examen.

"La siguiente pregunta trata sobre el modo de descender. Sobre este punto fue suficiente nuestra caminata alrededor del edificio. A unos cinco pies y medio de la ventana en cuestión hay una varilla de pararrayos. Desde esta varilla habría sido imposible que cualquiera alcanzara la ventana, y mucho menos que se introdujera en ella. Yo observé, sin embargo, que las persianas del cuarto piso eran de ese peculiar tipo que los carpinteros parisienses llaman *ferrades*; un tipo rara vez empleado en la actualidad, pero frecuentemente en moradas muy viejas de Lyon y Burdeos. Se les fabrica como una puerta ordinaria, de una sola hoja y no de doble batiente, excepto que la mitad superior tiene celosías o tablillas que ofrecen un asidero óptimo para las manos. En este caso las persianas son de tres pies y medio de ancho. Cuando las vimos desde la parte posterior de la casa, ambas estaban entornadas, es decir, hacían ángulos rectos desde la pared. Es probable que también los policías hayan examinado el dorso del edificio; y, si así lo hicieron, no miraron a estas *ferrades* en el ángulo indicado, y no percibieron por lo tanto su gran ancho o, debido a los sucesos, no lo tomaron en cuenta. De hecho, si suponían que no había salida desde este cuarto, pudieron limitarse a un examen muy sumario. Sin embargo, para mí estaba claro que la persiana que corresponde a la ventana del lecho, si se abre totalmente, queda cerca de dos pies del pararrayos. También era evidente que, con un enorme despliegue de actividad y coraje, también pudo efectuarse así la entrada. Estirándose una distancia de dos pies y medio (ahora suponemos la contraventana abierta de par en par), un ladrón pudo haberse sujetado firmemente sobre las celosías. Sujeto de la varilla, afirmando los pies en la pared y saltando hacia delante habría podido hacer girar la persiana hasta que se cerrara; si suponemos que la ventana estaba abierta en este momento, habría podido balancearse hasta entrar en la habitación.

"Le pido que tome en cuenta que yo hablo de un grado muy inusitado de vigor, esto es un requisito indispensable para el éxito de tan peligrosa y difícil hazaña. Mi intención es mostrar, primero, que el hecho es posible de llevarse a cabo, y segundo y *muy especialmente*, deseo hacer notar el carácter extraordinario, casi sobrenatural del vigor capaz de algo semejante.

"Usted me dirá, sin duda, en el idioma de la ley, que para 'redondear mi caso' debería menospreciar más que insistir en la agilidad que se requiere para tal proeza. Esto puede ser la práctica en la ley, pero no en el uso de la razón. Mi objetivo es la verdad. Mi propósito inmediato es inducirlo a que yuxtaponga la *insólita actividad* que he mencionado, con la *peculiar agudeza* (o aspereza) y la voz *desigual*, sobre cuya nacionalidad no hay siquiera dos personas de acuerdo, y en cuyos acentos no logró detectarse ningún vocablo articulado."

Al oír estas palabras pasó por mi mente una vaga e informe concepción de lo que quería decir Dupin. Yo parecía estar a punto de entender, sin llegar a comprenderlo del todo, como cuando uno se encuentra a sí mismo a punto de recordar algo, sin ser capaz, al final, de recordarlo. Mi amigo siguió con su discurso.

"Habrá notado", dijo, "que he pasado del modo de salir al de entrar. Era mi intención sugerir que ambos se efectuaron de la misma manera, y por el mismo punto. Esto nos deja en el interior de la habitación. Examinemos esto. Se ha dicho que los cajones de la bóveda habían sido saqueados, aunque todavía permanezcan dentro de ellos varias prendas. Esta conclusión es absurda. Se trata de una mera conjetura y bastante tonta por lo demás. ¿Cómo sabemos que los artículos encontrados en los cajones no eran los que contenían habitualmente? Madame L'Espanaye y su hija vivían una vida muy retirada, no veían a nadie, salían pocas veces y, por tanto, pocas ocasiones tendrían para cambiar de tocado. Lo que se encontró en los cajones era de tan buena calidad como todo lo que poseían las damas. ¿Si un ladrón se llevó una parte, por qué no tomó lo mejor, por qué, de hecho, no tomó todo? ¿En una palabra, por qué abandonó cuatro mil francos en oro para cargarse con un fardo de ropa? El oro fue abandonado. La suma mencionada por monsieur Mignaud, el banquero, apareció casi en su totalidad en los sacos regados en el piso. Deseo que usted, por lo tanto, deseche de sus pensamientos la desatinada idea de un móvil, engendrada en la cabeza de los policías por esa parte de la evidencia que se refiere al dinero entregado a la puerta de la casa. Coincidencias diez veces más notables que esta (la entrega del dinero, y el asesinato de sus poseedores tres días más tarde), suceden cada hora de nuestras vidas, sin que nos preocupemos de ellas. Las coincidencias, en general, son grandes obstáculos en esos pensadores que no se han educado en la teoría de probabilidades, teoría a la que, los objetivos más gloriosos de la investigación humana deben los más altos ejemplos. En nuestro caso, si el oro hubiera sido robado, el hecho de su entrega tres días antes sería algo más que una coincidencia. Habría sido corroborada la idea de móvil. Pero, dadas las verdaderas circunstancias del caso, si suponemos el oro como móvil de este ultraje, entonces debemos imaginar que el perpetrador era tan indeciso e idiota, como para olvidar el móvil y el oro.

"Teniendo ahora los puntos sobre los que he llamado su atención, la voz peculiar, la agilidad inusitada y la sorprendente falta de móvil en un asesinato tan atroz como este, echemos una mirada a la carnicería en sí. Aquí, una mujer es estrangulada e introducida en una chimenea, con la cabeza hacia abajo por la mera fuerza manual. Los asesinos ordinarios no emplean tales métodos. Y mucho menos, disponen así del occiso. En la manera de meter el cadáver en la chimenea, admitirá que algo hay de *excesivamente* inmoderado, algo enteramente inconciliable con nuestras nociones sobre los actos humanos, incluso si suponemos que su autor es el más depravado de los hombres. Piense bien, ¡cuán grande debe haber sido la fortaleza que hizo falta para meter el cuerpo *hacia arriba* cuando para sacarlo de ahí hizo falta la colaboración de varias personas!

"Volvamos, ahora, a otros indicios de este vigor más que maravilloso. En la chimenea fueron hallados gruesos, muy gruesos, mechones de cabello humano canoso. Habían sido rasgados de cuajo. Usted sabe bien cuánta fuerza es necesaria para rasgar así veinte o treinta cabellos juntos. Y además vio los mechones en cuestión tan bien como yo. Sus raíces (¡una vista horrenda!) tenían coagulados fragmentos de la carne del cuero cabelludo, prueba evidente de la prodigiosa fuerza que se había ejercido al desarraigar quizá medio millón de cabellos a la vez. La garganta de la anciana no estaba solamente cortada, sino que la cabeza había quedado separada del cuerpo con una mera navaja. Deseo que considere la *brutal* ferocidad de estos actos. No diré de las contusiones sobre el cuerpo de madame L'Espanaye. Monsieur Dumas, y su digno ayudante, monsieur Etienne, han dicho que estas fueron infligidas por algún instrumento contundente, y hasta ahí la opinión de estos caballeros es de lo más correcta. El instrumento contundente fue claramente el pavimento de piedra en el patio, sobre el que la víctima cayó desde la ventana que está sobre la cama. Esta idea, por simple que pueda parecer, escapó a la policía por la misma razón que el ancho de las contraventanas por las que escaparon y la cuestión de los clavos: su percepción se había sellado herméticamente ante la posibilidad de que las ventanas se abrieran alguna vez.

"Si ahora, además de todas estas cosas, ha reflexionado adecuadamente sobre el extraño desorden del apartamento, hemos llegado al punto de poder combinar las nociones de una asombrosa agilidad, una fuerza sobrehumana, una ferocidad brutal, una carnicería sin móvil, una *grotesquerie* en el horror por completo ajeno a lo humano, y una voz extranjera a los oídos de hombres de distintas naciones y privada de todo silabeo inteligible. ¿Qué resultado obtenemos? ¿Qué impresión he producido en su imaginación?"

Sentí un estremecimiento de la carne cuando Dupin me planteó la pregunta. "Un loco", dije, "este acto lo ha realizado un maniaco escapado de alguna *maison de Santé*."

"En algunos aspectos", contestó, "su idea no es inaplicable. Pero, aun en sus más salvajes paroxismos, las voces de los locos jamás coinciden con esa extraña voz escuchada en lo alto. Los locos son de alguna nación y su idioma, por incoherentes que sean sus palabras, tiene siempre la coherencia de las sílabas. Aparte, el cabello de un loco no es como el que ahora tengo en la mano. Arranqué este pequeño mechón de los dedos rígidamente apretados de madame L'Espanaye. Dígame lo que piensa de ellos."

"¡Dupin!", dije, completamente trastornado, "este cabello es muy inusitado, no es *humano*."

"No he dicho que lo sea" dijo, "pero, antes de decidir ese punto, deseo que mire el esbozo que tengo trazado en este papel. Es un facsímil del dibujo en qué se describe lo que una porción del testimonio menciona como 'magulladuras oscuras, y profundas huellas de uñas', sobre la garganta de mademoiselle L'Espanaye, y en otra (por los doctores Dumas y Etienne), como una 'series de manchas lívidas, evidentemente resultado de la presión de dedos.'"

"Percibirá usted", continuó mi amigo, mientras desplegaba el papel, "que este dibujo indica una presión firme y fija. Y no hay señal alguna de *deslizamiento*. Cada dedo mantuvo, posiblemente hasta la muerte de la víctima, su horrible presión en el sitio donde se hundió primero. Intente, ahora, poner todos sus dedos, a la vez, en las impresiones respectivas."

Hice el intento en vano.

"Quizá no estemos procediendo debidamente", dijo. "El papel es una superficie plana; pero la garganta humana es cilíndrica. He

173

aquí un rodillo de madera, con una circunferencia aproximada a la de la garganta. Envuelva el dibujo alrededor de esta, y trate nuevamente."

Así lo hice, pero la dificultad era aún mayor que antes.

"Esto", dije, "no es la marca de una mano humana."

"Lea ahora", replicó Dupin, "este pasaje de Cuvier."

Era una minuciosa descripción anatómica y descriptiva del gran orangután leonado de las islas de las Indias orientales. La estatura gigantesca, la actividad y fortaleza prodigiosa, la ferocidad silvestre y las propensiones imitativas de estos mamíferos son bien conocidas. De inmediato, entendí todos los horrores del asesinato.

"La descripción de los dedos" dije, al terminar de leer, "coinciden con los de este dibujo; sólo un orangután, entre todos los animales, es capaz de producir las marcas de este dibujo. Y el mechón de pelo coincide, es idéntico al de la bestia de Cuvier. Es sólo que no alcanzo a comprender los detalles de este misterio tan terrible. Se escucharon dos voces en la contienda, y una de ellas es indiscutiblemente la de un francés."

"Cierto y usted recordará una expresión que, casi unánimemente, los testigos adjudicaron a esta voz, la expresión: *Mon Dieu!* Dadas las circunstancias, una de las testificaciones (la de Montani, el confitero) acertó al sostener que la expresión tenía un tono de reproche o reconvención. Sobre estas dos palabras, por lo tanto, he apoyado todas mis esperanzas para la solución de este enigma. Un francés estuvo al tanto del asesinato. Es posible e incluso probable que fuera inocente de toda participación en lo sangriento de las acciones que tuvieron lugar. El orangután puede habérsele escapado. Quizá lo siguió hasta la habitación y, bajo las circunstancias agitadas que resultaron, le fue imposible capturarlo otra vez. El animal está todavía en libertad. No continuaré con estas conjeturas, pues no tengo ningún derecho de llamarlas por otro nombre, ya que las sombras de reflexión que les sirven de base poseen apenas la suficiente profundidad para ser alcanzadas por mi intelecto, y no pretenderé mostrarlas con claridad a la comprensión de otra persona. Por lo tanto, las llamaremos conjeturas y hablaremos de ellas como tales. Si el francés en cuestión es, como supongo, inocente de tal atrocidad, este aviso que dejé anoche, en el camino de regreso, en la oficina de *Le Monde* (un diario dedicado al cuestiones navieras, y muy leído por los marineros) lo traerá a nuestra residencia."

Él me entregó un diario, donde leí:

Capturado.- En el Bois de Boulogne, en la mañana de…, (la mañana del asesinato) se ha capturado un gran orangután leonado de la especie de Borneo. El propietario (de quien se sabe es un marinero, perteneciente a una embarcación maltesa) puede reclamar al animal, previa identificación satisfactoria, y pagando los costos que corresponden a su captura y cuidado. Presentarse al número… calle… Faubourg St. Germain tercer piso.

"¿Cómo es posible", dije, "que sepa usted que el hombre es un marinero, y pertenece a una embarcación maltesa?"

"No lo sé", dijo Dupin. "No estoy seguro de esto. Sin embargo, aquí hay un pequeño pedazo de listón, que por su forma y aspecto grasoso, ha sido usado para atar el pelo de una de esas largas coletas de las que se muestran tan orgullosos los marineros. Además, este nudo es uno que pocas personas, con excepción de los marineros, pueden hacer y es característico de los malteses. Encontré este listón al pie del pararrayos. Imposible que perteneciera a una de las víctimas. Ahora que si me equivoco al deducir de esta cinta que el francés es marinero de una embarcación maltesa, no he causado ningún daño al estamparlo en el aviso. Si estoy en un error, él supondrá que me he confundido por alguna circunstancia que no se tomará el trabajo de averiguar. Pero si tengo razón, se gana un punto importante. Conocedor aunque inocente del asesinato, el francés naturalmente vacilará con respecto a responder el anuncio y demandar el orangután. Seguramente, razonará así: 'Soy inocente, soy pobre; mi orangután es muy valioso y representa una verdadera fortuna para un hombre como yo. ¿Por qué perderlo a causa de una tonta aprensión? Está ahí, a mi alcance. Lo encontraron en el Bois de Boulogne a gran distancia del crimen. ¿Cómo puede sospechar alguien que este animal es el culpable? La policía está desorientada y no tiene la menor pista. Si llegaran a seguir la pista del simio, les será imposible probar que supe algo de los crímenes o implicarme como testigo de ellos. Sobre todo, *soy conocido*. El redactor del aviso me designa como dueño del animal. Ignoro hasta dónde llega su conocimiento. Si renuncio a una propiedad de tan grande valor, de la que se me conoce poseedor, las sospechas recaerán, por lo menos, sobre el animal. No es mi intención atraer el interés sobre mí o la bestia. Contestaré el anuncio, recobraré el orangután, y lo tendré encerrado hasta que no se hable más del asunto.'"

En este momento, oímos pasos provenientes de la escalera.

"Esté listo", dijo Dupin, "con las pistolas, pero no las use ni las muestre hasta mi señal."

La puerta de entrada a la casa estaba abierta y el visitador había entrado, sin tocar, y avanzado varios pasos sobre la escalera. Sin embargo, pareció dudar y lo oímos bajar. Dupin corría ya a la puerta, cuando lo oímos subir otra vez. Esta vez no vaciló, sino que, luego de subir la escalera golpeó en nuestra puerta.

"Adelante", dijo Dupin, en un tono alegre y cordial.

Un hombre entró. Evidentemente se trataba de un marinero, era alto, recio y musculoso, tenía un semblante con cierta expresión audaz que no resultaba desagradable. Su cara, muy atezada, estaba ocultada por las patillas y el bigote. Traía consigo un duro bastón de roble pero, por lo demás, parecía desarmado. Se inclinó torpemente y saludo "buenas tardes", en francés; aunque tenía cierto acento suizo de Neufchatel, se veía que era de origen parisiense.

"Siéntese, amigo", dijo Dupin. "Supongo que viene usted en busca del orangután. Palabra, lo envidio un poco; un notable ejemplar, sin duda un animal muy valioso. ¿Qué edad le calcula usted?"

El marinero respiró profundamente, con el aire de quien se siente aliviado de un peso enorme y entonces contestó, con tono reposado:

"No podría decirlo, pero no tiene más de cuatro o cinco años de edad. ¿Lo tiene usted aquí?"

"¡Oh, de ni ngún modo! No tenemos un lugar adecuado aquí. Está en una caballeriza de la calle Dubourg, cerca de aquí. Puede llevárselo por la mañana. ¿Por supuesto, está dispuesto a identificar su propiedad?"

"Téngalo por seguro, señor."

"Lamentaré separarme de él", dijo Dupin.

"No quisiera que usted se hubiese molestado por nada, señor", dijo el hombre. "Estoy dispuesto a pagar una gratificación por el hallazgo del animal, es decir, cualquier cosa que sea razonable."

"Bien", contestó mi amigo, "eso me parece justo, por cierto. Déjeme pensar. ¿Qué pediré? ¡Oh, ya sé! Mi gratificación será la siguiente. Me contará usted todo lo que sabe sobre los asesinatos en la calle Morgue."

Dupin dijo estas palabras en tono muy bajo y muy tranquilo. Así como tranquilamente fue hasta la puerta, la cerró y puso la llave en su bolsillo. Sacó luego una pistola y la puso, sin la menor prisa, sobre la mesa.

El rostro del marinero enrojeció como si se ahogara. Se levantó, aferró su bastón; pero un segundo más tarde se dejó caer en su asiento, temblando violentamente y pálido como la muerte. No dijo una palabra. Y yo lo compadecí desde el fondo de mi corazón.

"Mi amigo", dijo Dupin, con tono bondadoso, "se alarma usted innecesariamente, desde luego. Le aseguro que nosotros no pretendemos causarle el menor daño. Le doy mi palabra de caballero y de francés. Yo sé perfectamente que es inocente de las atrocidades en la calle Morgue. No negará, sin embargo, que está implicado en ellas. Por lo que he dicho, supondrá que tengo información al respecto que usted no podría haber soñado. Ahora, las cosas están así. Usted no ha cometido nada que lo haga culpable. Ni siquiera se le puede acusar de robo, cuando usted podría haberlo hecho con toda impunidad. No tiene nada que esconder. Ninguna razón para ocultarse. Por otra parte, el honor más elemental lo obliga a confesar todo lo que sabe. Hay un hombre acusado de un crimen cuyo perpetrador puede usted denunciar."

El marinero había recuperado su compostura, en gran medida, mientras Dupin decía estas palabras; pero su audacia original se había desvanecido por completo.

"Dios venga en mi ayuda", dijo él, después de una breve pausa, "Le contaré todo lo que sé sobre este asunto; pero no espero que me crea usted la mitad de las cosas que he de decirle. Sería un tonto si pensara que van a creerme. *Soy* inocente, y lo confesaré todo aunque me cueste la vida."

Lo que nos dijo, en resumen, fue lo siguiente:

Había hecho una travesía reciente al archipiélago indio. Un grupo, del que formaba parte, desembarcó en Borneo, y se internó en una excursión de placer. Él mismo y un compañero, habían capturado al orangután. Y como su compañero falleciera, quedó en posesión del animal. Después de las dificultades, ocasionadas por la ferocidad del simio, logró finalmente encerrarlo en su residencia de París, donde, para no atraer la desagradable curiosidad de sus vecinos, guardó cuidadosamente al animal, hasta que se recuperó de una herida en el pie, hecha por una astilla del buque. Su intención era venderlo.

Una noche, o más bien la madrugada del día en que se cometieron los asesinatos, encontró a la bestia ocupando su cama, luego de escaparse de la habitación contigua donde su captor había creído tenerlo encerrado. Tenía la navaja de afeitar en una mano y se había untado de jabón, estaba sentado frente a un espejo intentando afeitarse, tal y como, sin duda, había observado hacer al marino espiando por el ojo de la cerradura. Horrorizado ante la imagen de un arma tan peligrosa en las manos de una bestia que, en su ferocidad, era bastante capaz de utilizarla, el marinero se quedó sin saber qué hacer. Se había acostumbrado, sin embargo, a contener a la criatura, aun en sus más fieros arrebatos, con un látigo, y recurrió a él. Al ver el látigo, el orangután brincó de inmediato por la puerta de la habitación, bajó las escaleras y saltó por una ventana, que da a la calle.

El francés siguió desesperadamente al simio, que todavía llevaba la navaja en la mano, y que ocasionalmente se detenía para mirar atrás y gesticular a su perseguidor, hasta que lo tenía bien cerca y entonces huía otra vez. De esta manera, la persecución continuó por mucho rato. Las calles estaban bastante quietas, ya que eran aproximadamente las tres de la mañana. Cuando al pasar por la calle Morgue, una luz llamó la atención del fugitivo, luz que salía de la ventana abierta de los aposentos de madame L'Espanaye. El perseguido se precipitó al edificio, descubrió el pararrayos, trepó con una agilidad inconcebible, se sujetó a la persiana, que se hallaba abierta por completo y pegada a la pared, y se balanceó a sí mismo hasta alcanzar la cama. Todo en menos de un minuto. Y, al saltar a la habitación, las patas del orangután patearon la persiana que de nuevo quedó abierta.

El marinero, entretanto, estaba tranquilo y preocupado. Tenía la esperanza de capturar fácilmente a la bestia, que apenas podría escapar de la trampa en que se había metido. Por otra parte, había muchas causas para preocuparse con respecto a lo que podría hacer en la casa. Esta segunda reflexión urgió al hombre a seguir al prófugo. Por el pararrayos se sube sin dificultad, especialmente para un marinero; pero, cuando estuvo a la altura de la ventana, que quedaba muy a su izquierda, no pudo seguir adelante; lo más que alcanzó a hacer fue asomarse para vislumbrar el interior del aposento. Apenas hubo mirado, estuvo a punto de caer a causa del horror que lo sobrecogió. Fue en ese momento que comenzaron los alaridos que despertaron a los vecinos de la calle Morgue. Madame L'Espanaye y su hija, vestidas en sus ropas de noche, aparentemente habían estado arreglando algunos papeles en la caja fuerte que se mencionó, la cual había sido corrida al centro de la habitación. Estaba abierta, y su contenido colocado al lado sobre el piso.

Las víctimas debieron estar sentadas de espaldas a la ventana; y, por el tiempo que transcurrió entre la entrada de la bestia y los gritos, parece probable que no la hayan percibido inmediatamente. El golpear de la persiana podía atribuirse al viento.

En el momento en que el marinero miró hacia el interior del cuarto, el gigantesco animal había aferrado a madame L'Espanaye por el pelo (que la dama tenía suelto, como si se hubiera estado peinando) y agitaba la navaja cerca de su cara imitando los movimientos de un barbero. La hija yacía postrada e inmóvil; víctima de un desmayo. Los gritos y los esfuerzos de la anciana (durante los cuales fueron arrancados los mechones de la cabeza) tuvieron por efecto cambiar los propósitos del orangután en cólera. Con un solo golpe del brazo separó casi por completo la cabeza del cuerpo. La vista de la sangre transformó su enfado en frenesí. Rechinando los dientes y echando fuego por los ojos, saltó sobre el cuerpo de la joven y le hundió los dedos en la garganta, y los mantuvo así hasta que murió.

La mirada furiosa de la bestia se posó sobre la cabecera de la cama y al ver el rostro de su dueño, paralizado por el horror, la furia de la bestia que, sin duda, no olvidaba el látigo, se convirtió instantáneamente en miedo. Consciente de merecer un castigo, el simio trató de esconder sus actos, y se lanzó por el cuarto nervioso y lleno de agitación, echando abajo y rompiendo los muebles a cada salto, y arrancando el lecho de su bastidor. Finalmente, cogió el cadáver de la joven y lo metió en la chimenea, tal y como se encontró; luego, tomó el de la anciana, y lo arrojó inmediatamente por la ventana.

Cuando el simio se acercó a la ventana con su carga mutilada, el marinero estupefacto se echó hacia atrás y, deslizándose sin la menor precaución hasta el suelo, corrió de inmediato a su hogar horrorizado ante las consecuencias de semejante atrocidad, olvidando, en su terror, toda preocupación por el destino del orangután. Las palabras oídas por el grupo eran las exclamaciones de horror y aflicción del francés, mezclados con los diabólicos sonidos que profería la bestia.

Poca cosa queda que agregar. El orangután debe haber escapado de la habitación, por la varilla, un instante antes de que forzaran la puerta. La ventana se cerró sola. Más tarde la bestia fue capturada por su mismo dueño, que la vendió al *Jardin des Plantes* en una suma bastante elevada. Lebon fue liberado instantáneamente, luego de que narramos las circunstancias (con algunos comentarios de Dupin) a la agencia del prefecto de policía. Sin embargo, este funcionario, aunque bien dispuesto hacia mi amigo, no pudo ocultar del todo su mortificación ante el giro que habían tomado los asuntos, y aún soltó uno o dos sarcasmos, sobre el decoro de que cada quien se ocupara de su propios asuntos.

"Déjelo hablar", me dijo Dupin, que no se había molestado en contestarle. "Deje que se desahogue; eso aliviará su conciencia. Yo estoy satisfecho con haberlo derrotado en su propio castillo. No obstante, el que fracasara en la solución de este misterio, no es cosa que asombre; en verdad, nuestro amigo el prefecto es demasiado astuto para ser profundo. No hay fibra en su ciencia. Es todo cabeza y nada de cuerpo, como los cuadros de la diosa Laverna o, mejor, toda cabeza y hombros, como un bacalao. Pero después de todo es un buen hombre. Me gusta especialmente por cierta forma maestra de hipocresía, a la cual debe su reputación. Me refiero a la manera que tiene de nier ce *qui est, et d'expliquer ce qui n'est pas.*"*

* Rousseau, *La nouvelle Héloise.*

181

LA CARTA ROBADA

Nil sapientiae odiosius acumine nimio.

SÉNECA

En París, una noche, después de una tarde de viento, en el otoño de 18…, me encontraba disfrutando del doble lujo de la meditación y una pipa de espuma de mar, en compañía de mi amigo C. Auguste Dupin, en su pequeña biblioteca o estudio del *No. 33, rue Dunot, au troisième, Faubourg Saint Germain*. Durante una hora por lo menos, habíamos mantenido un profundo silencio, y a cualquier observador casual podría haberle parecido que estábamos absortos exclusivamente en estudiar los remolinos de humo que llenaban la atmósfera de la habitación. Por mi parte, sin embargo, estaba entregado a una discusión mental acerca de los temas que habían formado parte de la conversación entre nosotros en la tarde; me refiero al asunto de la rue Morgue y el misterio del asesinato de Marie Rogêt. Así que no pude pensar sino en una coincidencia, cuando la puerta de nuestro apartamento se abrió y dio paso a nuestro viejo conocido G…, el prefecto de la policía parisina.

Le dimos una cordial bienvenida, pues había en el hombre tanto de divertido como de despreciable, y no lo habíamos visto en varios años. Estábamos sentados en la oscuridad, por lo que Dupin procedió a encender una lámpara, pero volvió a sentarse nuevamente sin hacerlo cuando G… nos dijo que había ido para consultarnos o mejor dicho, para pedir la opinión de mi amigo sobre algún asunto oficial que había ocasionado un gran problema.

—Si es algo que requiere reflexión —dijo Dupin, sin encender el pabilo—, será mejor examinarlo en la oscuridad.

—Otra de sus ideas raras —dijo el prefecto, quien tenía la costumbre de llamar "rara" a cada cosa que estuviera más allá de su comprensión, y así vivía entre una verdadera legión de "rarezas".

—Muy cierto —dijo Dupin, entregando una pipa a nuestro visitante y acercándole un asiento.

—¿Y cuál es la dificultad ahora? —pregunté—. Espero que no se trate de otro asesinato.

—¡Oh no, nada de eso! El hecho es que la cuestión es muy simple, y no me cabe la menor duda de que nosotros podemos bastarnos perfectamente para resolverlo por nuestra cuenta; pero he pensado que a Dupin le gustaría oír los detalles del caso, porque es excesivamente *raro*.

—Simple y raro —dijo Dupin.

—Justamente. Y no es exactamente así. En realidad nosotros estamos bastante confundidos, porque el asunto es muy simple y, sin embargo, nos tiene completamente perplejos.

—Quizá sea la misma simplicidad del caso lo que lo lleva a usted al error —dijo mi amigo.

—¡Qué disparates dice usted! —contestó el prefecto, riendo sinceramente.

—Quizá el misterio es un poco *demasiado* simple —dijo Dupin.

—¡Oh, buen Dios! ¿Quién oyó nunca tal cosa?

—Un poco *demasiado* evidente.

—¡Ja!, ¡ja!, ¡ja!; ¡ja!, ¡ja!, ¡ja! ¡Oh! ¡Oh! —rugía nuestro visitante, profundamente divertido—. Oh, Dupin, ¡usted terminará por matarme de risa!

—Y, después de todo, ¿de qué se trata? —pregunté.

—Pues bien, se lo voy a decir —respondió el prefecto, aspirando una bocanada grande y contemplativa de su pipa, e instalándose en su silla—. Se lo contaré en pocas palabras, pero antes de que comience, déjenme decirles que este es un asunto que demanda la más grande reserva, y si se supiera que lo he contado a otras personas, podría peligrar la posición que ahora tengo.

—Proceda —dije.

—O no proceda —dijo Dupin.

—Bien entonces. He recibido, personalmente, información de alguien en un cargo muy alto, de que un documento de mucha importancia había sido robado de las cámaras reales. El individuo que lo robó es conocido, eso está más allá de toda duda, se le vio tomarlo. Se sabe, también, que el documento todavía está en su poder.

—¿Cómo lo saben? —preguntó Dupin.

—Se infiere claramente —contestó el prefecto—, de la naturaleza del documento y de que no se hayan producido ciertas consecuencias que seguramente se darían de inmediato si aquél pasara a otras manos; es decir, en caso de que se llegara a emplear como él debe pretender emplearlo al final.

—Sea un poco más explícito —dije.

—Bien, puedo asegurar que este papel da a su poseedor un cierto poder en cierto lugar donde tal poder es inmensamente valioso —el prefecto estaba encantado de su canturreo diplomático.

—Todavía no comprendo lo bastante —dijo Dupin.

—¿No? Bien, la divulgación del documento a una tercera persona, que no nombraremos, pondría en entredicho el honor de un personaje de las más altas esferas, y este hecho da al poseedor del documento un dominio sobre el personaje cuyo honor y tranquilidad se ven ahora tan comprometidos.

—Pero este dominio —interrumpí—, dependería de que el ladrón supiera que dicho personaje lo conoce como tal. ¿Y quién osaría…?

—El ladrón —dijo G…—, es el ministro D…, quien se atreve a todo, sea propio o impropio en un hombre. El método de su latrocinio es tan ingenioso como audaz. El documento en cuestión —una carta, para ser francos—, había sido recibido por la persona despojada, mientras se hallaba a solas en el *boudoir* real. Durante su lectura, fue interrumpida repentinamente por la entrada de otro personaje, a quien la primera deseaba ocultar especialmente la carta. Después de una apresurada y vana tentativa para ocultarla en un cajón, se vio forzada a ponerla, abierta como estaba, sobre una mesa. La dirección, no obstante, estaba vuelta y el contenido era ilegible, así la carta podía pasar sin ser vista. Pero en este momento entra el ministro D… Sus ojos de lince perciben inmediatamente el papel, reconocen la caligrafía y la dirección, observa la turbación del personaje a quien va dirigido y adivina su secreto. Después de despachar algunos negocios, con la celeridad que le caracteriza; extrae una carta parecida a la misiva en cuestión, la abre, finge leerla y entonces la pone justo al lado de la otra. Vuelve a conversar, por unos quince minutos, sobre asuntos públicos. Al final, se levanta y, al despedirse, toma de la mesa la carta a la que no tiene derecho. El legítimo propietario lo ve, pero no se atreve a llamarle la atención al respecto, no en presencia de un tercer personaje que no se mueve de su lado. El ministro se marcha, dejando su carta, una carta sin importancia, sobre la mesa.

—Ahí tiene usted —me dijo Dupin—, ahí tiene usted lo que se necesitaba para que el dominio del ladrón fuera completo: éste sabe que la persona despojada lo conoce como tal.

—Sí —contestó el prefecto—, y el poder así obtenido ha sido utilizado, durante los últimos meses, para fines políticos, hasta un punto muy peligroso. La persona despojada está cada día más convencida de la necesidad de recuperar su carta. Pero esto, por supuesto, no puede hacerse abiertamente. Al final, llevada por la desesperación, me ha encargado la tarea.

—Para lo cual —dijo Dupin, envuelto en una voluta perfecta de humo—, es imposible desear e incluso imaginar, un agente más sagaz.

—Usted me adula —contestó el prefecto—, pero no es imposible que tal opinión se tenga de mi persona.

—Es claro —dije yo—, como usted dice, que la carta se encuentra todavía en posesión del ministro; pues lo que confiere el poder es precisamente esta posesión y su empleo. Con el empleo de la carta, el poder cesaría.

—Cierto —convino G…—. Y sobre esta convicción he procedido. Como primera medida hice revisar cuidadosamente la vivienda del ministro; y aquí la principal dificultad consiste en el hecho de tener que buscar sin que él se enterara. He sido advertido de que, sobre cualquier otra cosa, debo impedir que sospeche de nuestras intenciones, pues sería muy peligroso.

—Pero —dije yo—, usted está completamente autorizado en estas investigaciones. Los policías parisienses han hecho esto frecuentemente antes.

—Oh sí, y por eso no desespero. Los hábitos del ministro me daban, además, una gran ventaja. Él se ausenta frecuentemente de su hogar toda la noche. Sus sirvientes no son numerosos. Duermen a una cierta distancia de la habitación de su amo y, siendo en su mayoría napolitanos, son fácilmente propensos a emborracharse. Yo tengo llaves, como saben, con las cuales puedo abrir cualquier habitación o gabinete de París. Durante estos tres meses no ha pasado una noche durante la cual no me dedicara a registrar, personalmente, la casa de D… Mi honor está en juego y, para contarles un gran secreto, la gratificación prometida es enorme. Por eso no abandoné la búsqueda hasta estar seguro de que el ladrón es un hombre más astuto que yo. Estoy seguro de que he investigado cada escondrijo y cada rincón del lugar en que es posible que el papel pueda encontrarse oculto.

—¿No sería posible —pregunté—, que aunque la carta pueda estar en posesión del ministro, como indiscutiblemente lo está, pueda haberla escondido en otra parte que no sea su casa?

—Eso es muy poco probable —dijo Dupin—. La especial condición actual de los asuntos en la corte y particularmente de esas intrigas en que se sabe que D… anda metido, exigen la disponibilidad instantánea del documento, susceptible de ser presentado en cualquier momento; esto es tan importante como el hecho mismo de su posesión.

—¿Susceptible de ser presentado? —dije.

—Es decir, la posibilidad de ser *destruido* —dijo Dupin.

—Cierto —observé—; entonces el documento se encuentra necesariamente en su casa. Supongo que podemos descartar toda posibilidad de que el ministro lo lleve consigo.

—Totalmente —dijo el prefecto—. Ha sido dos veces atracado, como si de salteadores se tratara, y ha sido registrado rigurosamente bajo mi propia inspección.

—Usted podría haberse ahorrado esa molestia —dijo Dupin—. D…, creo yo, no está enteramente loco, y debe haber previsto esos atracos, como una consecuencia lógica.

—No *enteramente* loco —dijo G…— pero es un poeta, por lo que, para mí, se halla muy cerca de la locura.

—Cierto —dijo Dupin, después de una larga y profunda bocanada de su pipa de espuma—, aunque yo mismo sea culpable de unas cuantas malas rimas.

—Por qué no nos proporciona usted —dije yo—, los pormenores de la búsqueda.

—Pues el hecho es que nos tomamos nuestro tiempo y buscamos *en todas partes*. Tengo una larga experiencia en estos asuntos. Revisé el edificio entero, habitación por habitación; dediqué las noches de una semana entera a cada una. Examinamos, primero, los muebles de cada cuarto. Abrimos cada cajón posible, y presumo que ustedes saben que, para un agente de policía adecuadamente entrenado, no hay cajón oculto que le sea imposible de descubrir. Cualquier hombre que permite que un cajón *secreto* se le escape en una búsqueda de este tipo es un imbécil. ¡Son tan *evidentes*! Hay una cierta masa segura en cada gabinete, un cierto espacio que debe ser explicado. Para eso tenemos reglas muy precisas, no se nos podría escapar ni la parte quincuagésima de una línea. Después de los gabinetes revisamos las sillas. Sondeamos los cojines con las largas y finas agujas que ustedes me han visto emplear. Levantamos las tablas de las mesas.

—¿Por qué?

—A veces la cubierta de una mesa, o de otro mueble similar, es retirada por la persona que desea esconder un artículo; entonces la pata es ahuecada, el objeto depositado dentro de la cavidad, y la cubierta reemplazada. Las bases y las cabeceras de las camas son empleadas del mismo modo.

—¿Pero no puede detectar la cavidad por el sonido? —pregunté.

—De ninguna manera si, cuando el objeto se deposita, se rodea de una suficiente cantidad de algodón. Aparte, en nuestro caso, nosotros nos veíamos obligados a proceder sin ruido.

—Pero ustedes no pudieron haber desarmado y revisado todos los muebles en que hubiera sido posible esconder la carta en la forma que usted menciona. Una carta puede enrollarse en una espiral delgada, no difiriendo mucho en la forma o volumen de una aguja grande de tejer, y en esta forma podría meterse en el travesaño de una silla, por ejemplo. ¿Usted no habrá desarmado todas las sillas?

—Ciertamente no; pero hicimos algo mejor, examinamos los travesaños de cada silla en la casa y las junturas de cada mueble, con la ayuda de un microscopio muy poderoso. Si hubiera allí cualquier rastro de algún cambio reciente, no hubiéramos dejado de notarlo instantáneamente. Un simple grano de polvo de barreno, por ejemplo, habría sido tan obvio como una manzana. Cualquier diferencia en el engomado, cualquier apertura mínima en los ensamblajes, habría bastado para asegurar su detección.

—Presumo que habrán revisado los espejos, entre el marco y el cristal, y que examinaron los lechos y las ropas del lecho, así como también las cortinas y alfombras.

—Desde luego y cuando hubimos revisado cada partícula de los muebles de esta manera, entonces examinamos la propia casa. Dividimos su superficie entera en compartimentos, que numeramos para que no se fuera a olvidar alguno; y entonces escudriñamos cada pulgada cuadrada de la casa, incluyendo dos casas contiguas, con el microscopio, como antes.

—¡Las dos casas contiguas! —exclamé—. Deben haber tenido grandes dificultades.

—Las tuvimos; pero la gratificación ofrecida es prodigiosa.

—¿Incluye usted los *terrenos* adyacentes a las casas?

—Todos los terrenos se pavimentan con ladrillo. Ello nos dio comparativamente pocos problemas. Examinamos el musgo entre los ladrillos, y lo encontramos inalterado.

—¿Usted miró entre los papeles de D..., por supuesto, y en sus libros de la biblioteca?

—Naturalmente; nosotros abrimos cada paquete y cada bulto; no solamente abrimos cada libro, sino que revisamos cada hoja en cada volumen, no contentándonos con una simple sacudida, según la costumbre de algunos de nuestros agentes de policía. También medimos el espesor de la portada de cada libro, con la minuciosidad más precisa, y sometiendo cada una al escrutinio más celoso del microscopio. Si se hubiera insertado un papel en cualquiera de las pastas, habría sido totalmente imposible que el hecho escapase a nuestra observación. Unos cinco o seis volúmenes, que venían de las manos del encuadernador, fueron cuidadosamente sondeados, longitudinalmente, con las agujas.

—¿Exploraron los pisos bajo las alfombras?

—Sin duda. Quitamos cada alfombra y examinamos las planchas con el microscopio.

—¿Y el papel de las paredes?

—Sí.

—¿Miraron en los sótanos?

—Lo hicimos.

—Entonces —dije yo—, han incurrido en un error y la carta *no está* en la casa del ministro, como usted supone.

—Me temo que usted tiene razón en eso —dijo el prefecto—. ¿Y ahora, Dupin, qué me aconsejaría usted hacer?

—Revisar de nuevo la casa completa.

—Eso es absolutamente inútil —replicó G...—. Estoy tan seguro de que respiro, como de que esa carta no está en la casa.

—No tengo ningún consejo mejor para usted —dijo Dupin—. Posee usted, supongo, una descripción precisa de la carta.

—¡Oh sí! Y aquí el prefecto, extrayendo su libreta de notas, procedió a leer en voz alta una descripción minuciosa del contenido y, especialmente, del aspecto externo del documento. Poco después de terminar la lectura de esta descripción se despidió de nosotros el buen caballero, más deprimido de lo que yo lo había visto antes.

Un mes después nos hizo otra visita y nos encontró ocupados casi de la misma manera como la vez anterior. Tomó posesión de una pipa y una silla, y entabló una conversación ordinaria. Luego de un rato le dije:

—Bien, G..., ¿qué hay de la carta robada? Presumo que usted se habrá convencido al menos, de que no se halla en casa del ministro?

—¡El diablo lo confunda! Volví a examinar la casa, como Dupin sugirió, pero fue tiempo perdido, como sospechaba que sería.

—¿A cuánto asciende la gratificación, dijo usted? —preguntó Dupin.

—Pues... es una suma muy grande... mucho dinero..., no me gusta decir cuánto, exactamente; pero una cosa puedo decir, que yo no vacilaría en extender un cheque individual por cincuenta mil francos, a cualquiera que me entregara esa carta. El asunto cada día es de más y más importancia, y la gratificación se ha doblado recientemente. Sin embargo, aunque la triplicaran, no podría hacer más de lo que ya he hecho.

—Pues... sí... —dijo Dupin, arrastrando las palabras, entre bocanadas de humo—, yo realmente pienso, G..., que usted no ha hecho... todo lo que podía hacerse... ¿No le parece que podría... hacer un poco más, eh?

—¿Cómo? ¿De qué manera?

—Pues... puf... podría usted... puf, puf..., pedir consejo en este asunto... eh... puf, puf, puf. ¿Recuerda usted la historia que cuentan de Abernethy?

—¡No; maldito Abernethy!

—¡Seguro! Maldito y bienvenido. Pero, había una vez, un avaro rico que quería obtener gratis el consejo médico de Abernethy. Aprovechó, para este fin, una conversación ordinaria en una reunión, insinuó su caso al médico como si se tratara de un individuo imaginario. "Supongamos —dijo el avaro—, que los síntomas son tal y tal; ahora, doctor, ¿qué le recomendaría que tomase?" "Le recomendaría que tomase —repuso Abernethy—, el consejo de un médico."

—Pero —repuso el prefecto, un poco descompuesto— yo estoy perfectamente dispuesto a tomar consejo, y a pagar por él. Yo daría realmente cincuenta mil francos a cualquiera que me ayudara en el asunto.

—En ese caso —contestó Dupin, abriendo un cajón y sacando una libreta de cheques— usted puede llenar un cheque por la cantidad mencionada. Cuando usted lo haya firmado, yo le entregaré la carta.

Me quedé estupefacto. El prefecto parecía como fulminado. Por algunos minutos permaneció estupefacto e inmóvil, mirando incrédulamente a mi amigo con la boca abierta, y ojos que parecían querer salírsele de las órbitas; entonces, aparentemente un poco repuesto, tomó una pluma y después de varias pausas y abstraídas contemplaciones, finalmente llenó y firmó un cheque por cincuenta mil francos, y lo pasó a través de la mesa a Dupin. Éste último lo examinó cuidadosamente y lo depositó en su cartera; entonces, abriendo un cajón del escritorio, sacó una carta y se la dio al prefecto. Nuestro funcionario la tomó en una perfecta agonía de regocijo, la abrió con mano temblorosa, lanzó una rápida mirada a su contenido; y entonces, lanzándose vacilante hacia la puerta, se precipitó por fin, sin mayor ceremonia, fuera de la sala y de la casa, sin haber proferido una sola sílaba, desde que Dupin le había pedido llenar el cheque.

Cuando él se había ido, mi amigo entró en algunas explicaciones.

—Los policías parisienses —dijo él—, son muy capaces a su manera. Son perseverantes, ingeniosos, astutos y completamente versados en el conocimiento que sus deberes exigen. Así, cuando G… nos relató detalladamente su modo de buscar en la mansión de D…, tuve la entera certeza de que había cumplido con una investigación satisfactoria, tan lejos como podía alcanzar su labor.

—¿Tan lejos como podía alcanzar su labor? —repetí.

—Sí —dijo Dupin—. Las medidas adoptadas eran no solamente las mejores en su tipo, sino que fueron efectuadas con perfección absoluta. Si la carta se hubiera depositado dentro del radio de su búsqueda, los policías, más allá de toda duda, la habrían encontrado.

Me eché a reír, pero Dupin parecía bastante serio en todo lo que decía.

—Las medidas —continuó—, eran excelentes en su tipo, y bien aplicadas; su falla reside en que eran inaplicables al caso y a la persona en cuestión. Un conjunto de recursos altamente ingeniosos son, para el prefecto, un tipo de lecho de Procusto, al que él forzosamente adapta sus designios. Pero yerra constantemente, siendo demasiado profundo o demasiado superficial, para el caso, y más de un colegial es un mejor razonador que él. Yo conocí uno de ocho de años de edad, cuyo éxito al adivinar en el juego de "pares y nones" atraía la admiración universal. Este juego es simple y se juega con bolitas. Un jugador retiene en su mano un número de éstas, y le pregunta al otro si el número es par o impar. Si adivina correctamente gana una bolita, si no, pierde una. El muchacho a quien aludo ganaba todas las bolitas de la escuela. Por supuesto, él tenía algún sistema de adivinación y éste consistía en la simple comparación y observación de la astucia de sus adversarios. Por ejemplo, supongamos que uno de éstos es un perfecto gaznápiro y que al levantar la mano frente a su adversario, pregunta: "¿Par o impar?" Nuestro colegial responde "impar", y pierde; pero la segunda ocasión él gana, porque entonces se dice a sí mismo: "El gaznápiro puso pares la primera vez, y su cantidad de ingenio le da simplemente para preparar impares la segunda vez. Diré, por lo tanto, impar". Adivina y triunfa. Ahora, con un adversario ligeramente más listo que el primero, él habría razonado así: "Este muchacho sabe que la primera vez yo elegí nones y en la segunda se le ocurrirá, como primer impulso, una simple variación de par a impar, como hizo el primero; pero entonces un segundo pensamiento sugerirá que esta variación es demasiado simple, y finalmente elegirá poner bolitas pares, como la primera vez. Por lo tanto yo diré pares." Elige pares y gana. Ahora bien, este modo de razonar del colegial, a quien sus compañeros llaman "afortunado", ¿en qué consiste si se analiza con cuidado?

—Es simplemente —dije yo—, una identificación del intelecto del razonador, con el de su adversario.

—Exactamente —dijo Dupin—, y cuando le pregunté al muchacho por qué medios lograba la *completa* identificación en la cual consistía su éxito, me contestó: "Cuando yo deseo averiguar cuán sabio o estúpido o bueno o malvado es alguien, o cuáles son sus pensamientos en ese momento, adapto la expresión de mi cara, tan exactamente como me es posible, a la expresión de la suya, y entonces espero a ver qué pensamientos o sentimientos se forman en mi mente o en mi corazón, que concuerden con la expresión de mi cara." Esta respuesta del colegial está en la base de toda la falsa profundidad que se ha atribuido a La Rochefoucauld, La Bruyère, Maquiavelo y Campanella.

—Y la identificación —dije yo—, del intelecto del razonador con el de su adversario, depende, si le entiendo a usted bien, de la exactitud con que se mida el intelecto de éste.

—Para sus resultados prácticos depende de esto —contestó Dupin—; y el prefecto y su grupo caen tan frecuentemente, primero, por no lograr esta identificación y, segundo, por medir mal —o más bien, por no medir—, el intelecto con el que se enfrentan. Consideran únicamente sus *propias* ideas ingeniosas y, al buscar alguna cosa oculta, sólo piensan en los medios que *ellos* habrían empleado para ocultarla. Tienen razón en la medida en que su propio ingenio es un fiel representante del de la masa; pero cuando la destreza del criminal individual posee un carácter distinto de la suya, este criminal, naturalmente, los engaña. Esto siempre sucede cuando se trata de una inteligencia superior a la suya, y muy comúnmente cuando se trata de una menor. Ellos no admiten variación de principio en sus investigaciones; a lo mejor, cuando se ven urgidos por algún caso inusitado o movidos por alguna gratificación extraordinaria, extienden o exageran sus viejos modos de práctica, pero sin tocar sus principios. Por ejemplo, en el caso de D…, ¿qué se ha hecho para variar el principio de acción? ¿Qué son todas esas perforaciones, esos sondeos, esas búsquedas con el microscopio, esa división de la superficie del edificio en pulgadas cuadradas numeradas? ¿Qué representan sino la *aplicación exagerada* del mismo principio o principios que rigen una búsqueda, que se basan sobre un conjunto de nociones con respecto al ingenio humano, al que el prefecto, en la larga rutina de su deber, se ha acostumbrado? ¿No ve usted que él ha tomado como algo demostrado que *todo* hombre esconde una carta, si no exactamente en un agujero de barreno en la pata de una silla, por lo menos, en algún hoyo o rincón extraño, sugerido por la misma línea de pensamiento que lleva a un hombre a esconderla en un hoyo en la pata de una silla? Y no ve usted también, que tales escondrijos rebuscados se utilizan sólo en ocasiones ordinarias, y son utilizados únicamente por intelectos ordinarios; en todos los casos de ocultamiento, cabe presumir, en primer lugar, que se ha efectuado bajo esas líneas; y así su descubrimiento depende, no tanto de la perspicacia como del cuidado, la paciencia y la determinación de los buscadores; y si el caso es de importancia (o la gratificación es de magnitud considerable, lo que es lo mismo a los ojos policiales), las cualidades en cuestión no fracasan *nunca*. Comprenderá usted ahora lo que yo quise decir cuando sugerí que si la carta robada se hubiera ocultado dentro de los límites de la pesquisa del prefecto (en otras palabras, si el principio de su ocultamiento hubiera estado comprendido dentro de los principios del prefecto), habría sido descubierta sin la menor duda. Este funcionario, sin embargo, se ha mistificado completamente; y la remota fuente de su derrota yace en la suposición de que el ministro es un loco, porque ha adquirido renombre como poeta. Todos los locos son poetas, según cree el prefecto y él es tan sólo culpable de un *non distributio medii*, por inferir de lo anterior que todos los poetas son unos locos.

—Pero, ¿es realmente un poeta? —pregunté—. Sé que D... tiene un hermano, y que ambos han logrado reputación en las letras. Creo que el ministro ha escrito una obra notable sobre cálculo diferencial. Es un matemático y no un poeta.

—Se equivoca usted, lo sé bien, él es ambas cosas. Como poeta y matemático es capaz de razonar bien, en cambio como mero matemático no podría haber razonado, y así habría quedado al alcance del prefecto.

—Me sorprende usted —dije—, por estas opiniones, que contradicen la voz del mundo entero. No intentará aniquilar las nociones que vienen siendo sancionadas por siglos. La razón matemática está considerada, desde hace largo tiempo, como la razón por excelencia.

—Puede apostarse —contestó Dupin, citando a Chamfort—, que toda idea pública, toda convención admitida, es una necedad, porque ha convenido a la mayoría. Le aseguro que los matemáticos han sido los primeros en difundir el error popular al cual alude usted, y que no deja de ser un error pese a ser difundido como verdad. Con arte digno de mejor causa, por ejemplo, han introducido el término "análisis" en la aplicación del álgebra. Los franceses son los causantes principales de este engaño; pero si un término tiene alguna importancia, si las palabras derivan su valor de su aplicación, entonces concedo que "análisis" significa "álgebra", tanto como en latín, *ambitus* implica "ambición"; *religio* "religión", u *homines honesti*, un conjunto de gente honorable.

—Me temo que tendrá un choque con algunos de los algebristas de París; pero continúe usted.

—Yo impugno la validez y, por lo tanto, los resultados de una razón cultivada por cualquier procedimiento especial que no sea lógico abstracto. Niego, en particular, la razón extraída del estudio matemático. Las matemáticas son la ciencia de la forma y la cantidad; el razonamiento matemático es simplemente la lógica aplicada a la observación de la forma y la cantidad. El gran error está en suponer que aun las verdades de lo que se llama álgebra *pura*, constituyen verdades generales o abstractas. Y este error es tan enorme, que me asombra la universalidad con que se ha recibido. Los axiomas matemáticos *no son* axiomas de una verdad general. Lo que es cierto de la *relación* de la forma y la cantidad, resulta frecuentemente un error con relación a la moral, por ejemplo. En esta última ciencia suele ser falso que la suma de las partes forman el todo. También en química el axioma no se cumple. En la consideración de los móviles falla también; pues dos móviles, cada uno con un valor determinado, no alcanzan necesariamente al sumarse un valor equivalente a la suma de sus valores. Hay muchas otras verdades matemáticas que son tales dentro de los límites de la *relación*. Pero el matemático, argumenta llevado por el hábito, desde sus *verdades finitas*, como si tuvieran una aplicación absolutamente general, cosa que el mundo acepta y cree. Bryant, en su erudito compendio de *Mitología*, menciona una análoga fuente de error, cuando dice que "aunque no se cree en las fábulas paganas, solemos olvidarlo continuamente y extraemos deducciones de ellas, como si de realidades se tratara". Con los algebristas, sin embargo, que son realmente paganos, las "fábulas paganas" constituyen materia de credibilidad y las inferencias que de ellas extraen no surgen de un lapso de la memoria, sino de un inexplicable reblandecimiento de la mente. En suma, jamás he conocido a un matemático en quien pueda confiarse fuera de sus raíces y sus ecuaciones, o que no tuviera como dogma de fe que $x^2 + px$ es absoluta e incondicionalmente igual a q. Diga a uno de estos caballeros, por mera experimentación si quiere, que usted cree que podría darse el caso, donde ocurriera que $x^2 + px$ no fuera enteramente igual a q; una vez que le haya hecho comprender qué significa lo que le ha dicho, póngase fuera de su alcance con la mayor celeridad posible, pues sin duda que tratará de golpearlo.

—Lo que busco indicar —continuó Dupin, mientras yo me dedicaba a reírme de sus últimas observaciones—, es que si el ministro hubiera sido nada más que un matemático, el prefecto no se habría visto obligado a darme ese cheque. Yo lo conocí, sin embargo, como matemático y como poeta, y mis medidas se adaptaron a su capacidad, con referencia a las circunstancias por las que se hallaba rodeado. Yo sabía que era un cortesano, y un audaz intrigante. Consideré que tal hombre no podría ignorar los métodos de acción ordinarios en la policía. No podría haber dejado de anticipar (y hay muestras de que así fue), los falsos asaltos a que fue sometido. Reflexioné que igualmente debió haber previsto las investigaciones ocultas de su casa. Sus ausencias frecuentes del hogar por la noche, que eran saludadas por el prefecto como una excelente ayuda para su éxito, me parecieron simplemente *tretas* con el fin de brindar oportunidades para la completa búsqueda a los policías, y así convencerlos lo más pronto posible de que la carta no se hallaba en casa; convicción a la que G…, de hecho, llegó finalmente. Me pareció también que toda la serie de pensamientos que acabo de relatarle con algún esfuerzo y que se refieren al principio invariable de la acción policial en sus búsquedas de artículos escondidos, no podía dejar de desplegarse en la mente del ministro. Esto debía conducirlo, necesariamente, a despreciar todos los escondrijos o lugares ordinarios de ocultamiento. Reflexioné que *ese hombre* no podía ser tan simple como para no ver que el rincón más inaccesible y remoto de su hogar sería tan visible a la vista, como sus armarios más comunes, a las sondas, a los barrenos y a los microscopios del prefecto. Vi, por último, que finalmente se conduciría, por supuesto, *a la simplicidad*, si no la adoptaba deliberadamente como una elección de gusto personal. Usted recordará quizá, cuán desesperadamente el prefecto rió cuando yo sugerí, durante nuestra primera entrevista, que era posible que este misterio lo inquietara tanto a causa de su evidencia.

—Sí —dije yo—, lo recuerdo bien, por un momento pensé que le darían convulsiones.

—El mundo material —continuó Dupin—, abunda en analogías muy estrictas con el inmaterial; y así ello tiñe de verdad algún dogma retórico según el cual esa metáfora o símil puede servir para fortalecer un argumento o para embellecer una descripción. El principio de la *vis inertiae* o fuerza de la inercia, parece ser idéntico en la física y metafísica. No es más cierto en la primera, que un cuerpo grande sea puesto en movimiento con más esfuerzo que uno pequeño, y que su cantidad de movimiento subsiguiente esté en proporción con esta dificultad, que es, en cuanto a lo segundo, que los intelectos de capacidad más extensa, más fuerte, más constante y más eficaz en sus movimientos que los de grado inferior, son más lentos en iniciar dichos movimientos y se muestran más avergonzados y vacilantes en los primeros pasos de su progreso. Otra cosa: ¿Ha notado usted, alguna vez, entre los letreros de la calle sobre las puertas de las tiendas, cuáles son los más atractivos?

—Jamás se me ocurrió pensarlo —respondí.

—Hay un juego de acertijos —reanudó Dupin—, que se juega sobre un mapa. Uno de los participantes pide al otro que encuentre una palabra determinada, el nombre de un pueblo, de un río, estado o imperio, cualquier palabra, en suma, sobre la superficie multicolor y complicada del mapa. Un novato en el juego, generalmente, busca avergonzar a sus adversarios pidiéndole que busque los nombres escritos con caracteres pequeños; pero los expertos seleccionan los nombres escritos, en caracteres grandes, que se extienden desde un extremo del mapa al otro. Estos últimos, al igual que los señalamientos y carteles de la calle excesivamente grandes, escapan a la observación por ser demasiado obvios; y aquí la observación física es cabalmente análoga con la intención moral de una inteligencia que deja pasar las consideraciones que son demasiado palpables y demasiado evidentes. Pero este es un punto que de todos modos aparece por debajo o por arriba de la comprensión del prefecto. Él nunca pensó que fuera probable o posible, que el ministro hubiera depositado la carta justamente bajo la nariz del mundo entero, a fin de evitar mejor que una parte de ese mundo la viera.

Cuanto más reflexionaba sobre el osado, decidido y audaz ingenio de D…, en el hecho de que el documento debía siempre hallarse *a la mano*, si pretendía usarlo de acuerdo a sus propósitos; y sobre la evidencia decisiva obtenida por el prefecto, de que no estaba oculta dentro de los límites de la búsqueda ordinaria del dignatario, más convencido me sentía de que, para esconder esta carta, el ministro había recurrido al modo más amplio y sagaz, de no esconderla en absoluto.

Convencido de estas ideas, me preparé con un par de anteojos verdes y llegué una mañana, como por casualidad, a la mansión ministerial. Encontré a D…, bostezando, haraganeando y bostezando, como de costumbre y pretendiendo estar en el último extremo del tedio. Él es, quizá, el ser humano más enérgico que existe actualmente, pero eso sólo cuando nadie lo ve.

Para no ser menos, me quejé de mis ojos débiles y lamenté el hecho de tener que usar anteojos, pero debajo de aquéllos, yo examiné cuidadosa y completamente la habitación, mientras aparentemente estuviera sólo atento a la conversación de mi anfitrión.

Llamó especialmente mi atención una gran mesa-escritorio, cerca de la que él se hallaba sentado, y sobre la que aparecían en desorden algunas cartas y otros papeles de carácter diverso, con uno o dos instrumentos musicales y unos libros. Sin embargo, después de un largo y atento escrutinio, no vi nada que alimentara una verdadera sospecha.

Por último mis ojos, al dar la vuelta al aposento, cayeron sobre un insignificante tarjetero de cartón con filigrana de baratija, que pendía de un listón azul sucio, de un botón cobrizo en medio de la repisa de la chimenea. En este estante, que tenía tres o cuatro compartimentos, había cinco o seis tarjetas de visita, y una carta. Esta última estaba muy sucia y arrugada. Se hallaba rasgada a la mitad, casi en dos partes, como si hubiera tenido primero el impulso de romperla por inservible, y luego se le hubiera dejado tal como estaba. Había un gran sello negro con el monograma de D… cifrado *muy* visiblemente, y estaba dirigido, con pequeña letra de mujer, al propio D... La carta había sido arrojada negligentemente y, al parecer, desdeñosamente, en una de las divisiones superiores del tarjetero.

Apenas hube mirado esta carta, concluí que era la que yo buscaba. Por cierto que su apariencia era, en todo, radicalmente diferente de aquella de la cual el prefecto nos había leído una minuciosa descripción. En ésta el sello era grande y negro, con el sello de D...; en la otra era pequeño y rojo, con las armas ducales de la familia S... Aquí, iba dirigida al ministro, la letra era menuda y femenina; allí el sobrescrito, dirigido a cierta persona real, era de trazo audaz y decidido, el tamaño era la única coincidencia. Pero, lo *radical* de estas diferencias, que era excesiva, la suciedad, la condición deplorable y rasgada del papel, tan inconsecuente con los *verdaderos* hábitos tan metódicos de D..., y tan sugestivos de la intención de engañar al espectador dando una falsa idea de la inutilidad del documento; estas cosas, junto con la ubicación de este documento a la vista de todos, aunado a las conclusiones a las que yo había llegado anteriormente, corroboraban las sospechas de alguien que había ido con la intención de sospechar.

Prolongué mi visita el mayor tiempo posible y mientras discutía animadamente con el ministro, sobre un tema que no ha dejado nunca de interesarle y excitarlo, centré mi atención sobre la carta. En este examen, yo fijaba en mi memoria su arreglo y aspecto externo en el estante, y al final descubrí algo que disipó cualquier duda que pudiera haber tenido al respecto. Al escudriñar los bordes del papel, observé que estaban más *ajados* de lo necesario. Presentaban el aspecto que se manifiesta cuando un papel grueso, doblado una vez y prensado con una plegadera, se repliega después, pero en sentido inverso sobre los bordes que habían formado el doblez original. Este descubrimiento era suficiente. Estaba claro para mí que la carta se había vuelto, como un guante, al revés, a fin de redirigirla y resellarla. Me despedí enseguida del ministro y me marché de inmediato, dejando una tabaquera sobre la mesa.

A la mañana siguiente me presenté por mi tabaquera, y reanudamos la conversación del día anterior. Mientras así departíamos, se oyó un fuerte ruido, como si se tratara de una pistola, bajo las ventanas de la mansión, seguido por una serie de gritos espantosos y la gritería de una multitud. D... se precipitó hacia una ventana, la abrió y miró afuera. Entretanto, yo me encaminé al estante, tomé la carta, la puse en mi bolsillo y la reemplacé por un facsímil, en cuanto al aspecto exterior, que había preparado cuidadosamente en mis habitaciones; imitar el monograma de D... fue muy fácil, por medio de un sello de miga de pan.

La perturbación en la calle había sido ocasionada por el extraño comportamiento de un hombre con un mosquete. Había disparado el arma sobre un grupo de mujeres y niños. Se probó luego, sin embargo, que el arma no estaba cargada, y el hombre fue tomado como un lunático o un borracho. Cuando él se había ido, D... se apartó de la ventana, adonde yo lo había seguido inmediatamente después de cambiar la carta por la otra. Momentos después me despedí de él. El presunto lunático era un hombre pagado por mí.

—Pero, ¿qué intención tenía usted —pregunté—, al reemplazar la carta por un facsímil? ¿No habría sido mejor, en su primera visita, tomarla abiertamente y partir?

—D... es un hombre resuelto a todo y lleno de coraje —respondió Dupin—. En su casa no faltan criados fieles a sus intereses. De haber intentado esa maniobra que usted sugiere, yo nunca hubiera salido vivo de ese lugar. La buena gente de París no hubiera vuelto a oír más de mí. Pero aparte de estas consideraciones tenía un fin. Usted sabe de mis inclinaciones políticas. En esta materia, actué como partidario de la dama en cuestión. Durante dieciocho meses el ministro la ha tenido en su poder. Ella lo tiene ahora en el suyo; aquél, ignorante de que la carta no está más en su poder, seguirá presionando como si la tuviera. Así inevitablemente se dirige él mismo a su destrucción política. Su caída, además, será tan rápida como ridícula. Está muy bien hablar del *facilis descensus*

Averni; pero en materia de ascensiones, como dijo la Catalani del canto, es mucho más fácil subir que bajar. En el presente caso yo no siento la menor simpatía o lástima por el que desciende. Él es el *monstrum horrendum*, un hombre genial sin principios. Le confieso, sin embargo, que quisiera conocer el carácter preciso de sus pensamientos, cuando, siendo desafiado por ella, a quien el prefecto llama "cierta persona", se vea forzado a abrir la carta que dejé para él en el tarjetero.

—¿Cómo? ¿Puso usted algo especial en ella?

—¡Vamos! No me pareció conveniente dejar el interior en blanco. D..., una vez en Viena me jugó una mala pasada y yo le respondí, sin perder el buen humor, que no lo olvidaría. De modo que, como no dudo que sentirá curiosidad por saber la identidad de la persona que le ganó en astucia, pensé que era una lástima no dejarle una pista. Él conoce muy bien mi letra, yo simplemente copié en medio de la hoja blanca las palabras:

Tan funesto designio, si no es digno de Atreo, es digno, en cambio, de Thyeste.

Las hallará usted en el *Atrée* de Crébillon.

Narraciones extraordinarias, de Edgar Allan Poe, fue impreso en mayo de 2008, en Q Graphics, y terminado en Encuadernaciones Maguntis, ambos en Iztapalapa, México, D.F. Teléfono: 56 40 90 62.